Das Beste
aus der Küche
der Neuenburger
Hirschenwirtin

Rosa Wenk

Herausgegeben
von
Werner O. Feißt
und
Annette Wackershauser

IMPRESSUM:

Herausgeber: Stadt Neuenburg am Rhein

Bilder: Michael Bauer, (Seite 11, 21, 25, 33, 37, 41, 45, 73, 85, 87), Stähle-Archiv

Konzept und Gestaltung des Umschlags
Rebmann ART • 78253 Münchhöf

Gesamtherstellung:
STÄHLE DRUCK UND VERLAG
Hermann-Laur-Straße 3
78253 Eigeltingen
Telefon: 0 77 74 / 93 19-0
Telefax: 0 77 74 / 93 19-25
e-mail: staehle-druck@t-online.de

April 2001
ISBN Nr. 3-00-007635-2

Inhaltsverzeichnis

Geleitwort 5
Geschichte des Neuenburger
Gasthauses „Zum Hirschen" 6
Vorwort 8
Suppen 11
Pastetchen .17
Coquillen und Fleurons 21
Fisch 25
Geflügel 33
Fleisch 37
Wildgerichte 51
Beilagen 57
Saucen 65
Desserts 73
Kuchen/Torten/Gebäck 87
Speisefolgen 103
Literatur 123

Geleitwort

Wir kennen Gasthäuser, die einen Namen tragen, der untrennbar mit einer bestimmten Stadt verbunden ist. Ein solches Gasthaus war der Neuenburger Hirschen.

Der Hirschen, ein Haus, das weit über die Region der Stadt Neuenburg am Rhein hinausstrahlte. Die Hirschenwirtin Rosa Wenk-Wettlin hat den Hirschen zu dem gemacht, was er war. Ein gern besuchtes Haus der Gastlichkeit. Weit über Neuenburg am Rhein hinaus bekannt und beliebt. Gäste und Gesellschaften von Basel, Freiburg, Mülhausen im Elsaß und aus der näheren Nachbarschaft verweilten im Hirschen.

An das Gasthaus zum Hirschen erinnert heute leider nur noch ein altes Wirtshausschild im Museum für Stadtgeschichte. Es hat die Zerstörung des Hauses im Zweiten Weltkrieg überdauert. Und eine besondere Fundgrube, das Tage- und Kochbuch der Hirschenwirtin, das in Privatbesitz ist.

Erfreulich deshalb, daß sich der bekannte Fernsehjournalist Werner O. Feißt und seine Mitarbeiterin Annette Wackershauser mit dem Tage- und Kochbuch der Rosa Wenk befaßt haben. Zwei Fernsehsendungen der Reihe „Was die Großmutter noch wußte" inspirierte das alte Tage- und Kochbuch aus dem Neuenburger Hirschen.

Das vorliegende Buch „Das Beste aus der Küche der Neuenburger Hirschenwirtin Rosa Wenk" ist ein gelungenes badisches Kochbuch. Ein Buch, das auch Zeugnis gibt von guter Neuenburger Gastlichkeit.

Hierfür gilt den Verfassern, Werner O. Feißt - er ist ein besonderer Freund unserer Stadt - und Annette Wackershauser Dank und Anerkennung.

Joachim Schuster
Bürgermeister

Zur Geschichte des Neuenburger Gasthauses „Zum Hirschen"

von Winfried Studer

"Wie gerne kehrten früher die Mülhauser im Schlüssel ein, in dem man auch nicht wenige Einheimische und Schweizer traf. Städte an der Grenze sollten Visitenkarten sein, aus ihnen nimmt der Fremde den Maßstab für das ganze Land", schreibt Friedrich Metz in seinem Beitrag "Neuenburg" in "Rheinfahrt - vom Ursprung bis Mainz".

Neben dem Schlüssel war der Hirschen ein weit über Neuenburg am Rhein hinaus bekannter und renommierter Gasthof. Ein glücklicher Zufall hat uns die Tagebuchaufzeichnungen der Hirschenwirtin Rosa Wenk, geborene Wettlin, aus den Jahren 1862 bis 1908 erhalten. Eine Fundgrube, nicht nur für den Heimatfreund, sondern auch für den Freund einer guten Gastronomie.

Das Tage- und Kochbuch berichtet über die Gäste, die bei der Hirschenwirtin Einkehr hielten. Bei den größeren Gesellschaften, die der Hirschen bewirtete, vermerkte die exzellente Wirtin auch die Speisenfolge. Wir finden im Tagebuch Angaben über den den Gästen in Rechnung gestellten Preis und darüber hinaus, ob das Gebotene ausreichend war. Die Aufzeichnungen enthalten viele Koch- und Backrezepte, darunter die Spezialität des Hauses, die bekannten und beliebten Fischgerichte.

Wirtshausschild des Neuenburger Gasthauses „Zum Hirschen (heute im Museum für Stadtgeschichte Neuenburg)

Rosa Wenk gibt Anweisungen für die "gute Bedienung bei Tisch", den täglichen Arbeitsablauf in ihrem Hause, wie die "Büfetts zu arrangieren" sind oder wie das "Jagd-Frühstück" im Hirschen auszusehen hat. Der letzte Eintrag im Tage- und Kochbuch der Hirschenwirtin stammt aus dem Jahre 1908. Am 14. November 1909 ist Rosa Wenk im gesegneten Alter von 81 Jahren verstorben. Über den Hirschen wird im Stadtarchiv Neuenburg am Rhein ein dünner Faszikel aufbewahrt, der uns spärlich über das Gasthaus Auskunft gibt. Danach stand der Hirschen im Jahre 1820 im Eigentum des Josef Weiß.

Josef Weiß beantragte die "Erneuerung seiner Schildwirthschaftsgerechtigkeit zum Hirschen und Erlaubnis zur Verlegung derselben auf das Haus seines Tochtermanns

Die Hirschenwirtsleute Rosa und Theodor Wenk

Der Gasthof zum Hirschen in Neuenburg am Rhein vor der Zerstörung im Juni 1940

Am 10. Juni 1940 fiel das Gasthaus mit der Stadt Neuenburg am Rhein in Schutt und Asche

Anton Wettlin", die ihm unterm 20. Oktober 1820 auch erteilt wurde. Von den wohlhabenden Hirschenwirtsleuten Anton Wettlin und Katharina, geborene Weiß, ging der Hirschen an die am 13.10.1828 geborene Tochter Rosa, Ehefrau des späteren Bürgermeisters von Neuenburg, Theodor Wenk (1876 - 1882), über.

Der "theilweisen Vermögensübergabe" an die drei Töchter der Eheleute Wettlin/Weiß von 1854 entnehmen wir: "Rosa Wettlin Ehefrau des Theodor Wenk von hier erhielt nach Ehevertrag vom 21. November 1851. Eine zweistöckige Behausung nebst Scheuer, Stallungen mit Keller, Trotte, Waschhaus, Oelmühle und die anstoßenden Oekonomiegebäude und Schweineställe bis ans Schlüßelwirthshaus mit der Realwirthschaftsgerechtigkeit zum Hirschen dahier um den einzuwerfenden Anschlag mit 5000 Gulden."

Nach dem Ableben der Hirschenwirtin Rosa Wenk übernahm deren Sohn Emil Wenk das Gasthaus. 1931 starb Emil Wenk. Seine Witwe, Julie Wenk geborene Siedle, war "in Anbetracht ihres hohen Alters" nicht mehr in der Lage, den Gasthof weiterzuführen, und der Sohn Theodor Wenk konnte den Gasthof noch nicht übernehmen. Nur unter dem drohenden Verlust des Realrechts der "Schildgerechtigkeit zum Hirschen" kam es am 1. April 1933 zur Wiedereröffnung des Hauses. Nach dem Ableben der Wirtin am 25. Juni 1935 übernahm Theodor Wenk das Gasthaus Hirschen an der Schlüsselgasse 214.

In seinem Gesuch um Erlaubnis zum Weiterbetrieb schreibt er: "An Lokalitäten sind vorhanden: 1 Wirtschaftslokal (Schanklokal), 1 Nebenzimmer, 1 Fremdenzimmer mit 2 Betten und 2 Fremdenzimmer mit je 1 Bett."

Aus der Stellungnahme der Administration zu diesem Gesuch geht hervor, daß der Hirschen "in früheren Jahren, insbesondere vor dem Kriege erheblich umfangreicher betrieben worden ist."

Der 10. Juni 1940 war das Ende für den Neuenburger Hirschen. Das Gasthaus fiel mit der Stadt Neuenburg am Rhein in Schutt und Asche.

Durch "ministeriellen Erlaß" ist der sofortige Wiederaufbau der Stadt angeordnet worden. Das Stadtgebiet von Neuenburg am Rhein wurde umgelegt und neu geordnet.

Der Neubau des Hirschen erfolgte nun auf dem Grundstück des ebenfalls zerstörten Gasthauses Schlüssel.

Der Wiederaufbau war noch in vollem Gange, als der Neubau 1944 bei der abermaligen Beschießung der Stadt getroffen wurde. Es kam nicht mehr zur Wiedereröffnung des Hirschen.

Theodor Wenk veräußerte das im Rohbau befindliche Gasthaus an die Stadt Neuenburg am Rhein, die das Gebäude einem anderen Zweck zuführte. Der renommierte Neuenburger Gasthof Hirschen hatte aufgehört zu bestehen.

Vorwort

Sie war im "Hirschen" daheim, die Rosa Wettlin, wurde vielleicht sogar dort am 13. Oktober 1828 geboren.

Mit der Hochzeit am 27. November 1851 mit Theodor Wenk, der 6 Jahre älter war als sie, hat sich mit Sicherheit manches verändert. Jetzt trat sie als Wirtin neben ihre Mutter. Wie der Übergang von der einen Generation zur anderen sich vollzog, kann man nur vermuten. Sicher ist, der Übergang wurde vertraglich geregelt. Denn im Ehevertrag erhielt Rosa Wenk den "Hirschen" als elterliches Erbe.

Rosa Wenk wurde bereits 1 Jahr nach der Hochzeit Mutter und war nun mit einer völlig neuen Aufgabe konfrontiert. Weitere 5 Jahre später kam der zweite Sohn zur Welt, Emil. Und noch einmal 7 Jahre später, die Tochter Marie.

Irgendwann zwischen der Übernahme des "Hirschen" und dem Jahr 1862 muß in Rosa Wenk die Geschäftsfrau erwacht sein.

1862 nämlich erfolgt der erste datierte Eintrag in ihr Tagebuch, das ist die Hochzeit des Bäckermeisters Stehle mit 42 Personen. Sie schreibt die Speisenfolge auf und setzt jedes Mal dahinter wieviel der jeweiligen Lebensmittel verbraucht worden sind. Es beginnt bei der Sagosuppe mit 4 Pfund Sago und geht bis zu den 4 Gugelhupfen, die aus 8 Pfund Mehl, 2 Pfund Butter, 8 Eiern und Rosinen hergestellt wurden. Allerdings gibt es noch eine weitere Speisefolge davor, die aber ohne Datum ist, und einen allerersten Eintrag der von dem handelt, "was jeden Tag regelmäßig zu tun ist". Dieser Text wird zwei Seiten weiter gleich noch einmal überarbeitet niedergeschrieben.

Man kann daraus schließen, daß Rosa Wenk auf die Ordnung in ihrem Hause sah und sie hatte wohl auch im "Hirschen" das Sagen. Dafür spricht auch, daß in der Liste von den täglichen Aufgaben von Knechten die Rede ist und andererseits wissen wir aus dem Ehevertrag, daß zum "Hirschen" Stallungen und landwirtschaftliche Gebäude gehörten. Nach alter Schwarzwälder Sitte ist der Stall und das Feld die Aufgabe des Mannes, das Haus die Aufgabe der Frau. So war wohl der "Hirschen" die Domäne der Rosa Wenk.

Theodor Wenk, ihr Mann, kümmerte sich um die Landwirtschaft, bald kamen öffentliche Aufgaben dazu und schließlich das Bürgermeisteramt, das er von 1876 bis 1882 inne hatte.

Man kann den Inhalt des Tagebuches, das so gut wie nichts Persönliches enthält, unterteilen in Abschnitte. Da sind die Aufgaben der Mägde und der Kellnerinnen im Sinne eines Pflichtenheftes, da ist die große Zahl der Speisenfolgen, aus denen man über den ganzen Lebensabschnitt von Rosa Wenk entnehmen kann, was im "Hirschen" gekocht wurde und da sind schließlich Rezepte, die Rosa Wenk von Dritten erfahren hat. In einigen Fällen sind diese bekannt. Da ist von Frau Apotheker Schmidt die Rede und von Frau Bidlingmeier und von der Tante Hugart und dann ist da der Koch, namens Brecht, der für 3 Tage Arbeit 30 Mark Lohn bekommt, dann sind es Rezepte, die ihr offensichtlich bei gelegentlichen Reisen in anderen Gasthäusern begegnet sind, in Basel, Freiburg, Bad Kestenholz. Einige Gesundheitsrezepte und Haushaltstips stehen da auch. Und schließlich Rezepte, die sie offenbar in einem Kochlexikon gefunden hatte.

Bemerkenswerte Anmerkungen z.B. wie über Zacharin und schließlich ein paar wenige Eintragungen die z.B. mit dem Räuchern von Schinken zu tun haben und zeigen, daß die Landwirtschaft des "Hirschen" doch einiges zur Gastwirtschaft beigetragen hat.

Das Tagebuch ist eine kulturgeschichtliche Quelle, vor allem für die Übergangszeit um 1870, als das Deutsche Reich entstand. An die Stelle von Gulden treten Mark und Pfennig. Und es ereignet sich das erste Wirtschaftswunder der Deutschen, ausgelöst von den Zahlungen, die das Deutsche Reich Frankreich nach dem verlorenen Krieg abverlangt. Es findet seinen Niederschlag sogar im "Hirschen". Die Speisefolgen werden im bescheidenen Rahmen anspruchsvoller, die Preise steigen.

Das alles auszuwerten war nicht unsere Aufgabe. Wir haben versucht, den Schatz der Rezepte der Hirschenwirtin zu heben. Das war interessant und auch schwierig genug. Hätten wir uns darauf beschränkt, nur die Rezepte wiederzugeben, die sie aufgeschrieben hat, wäre ein völlig falsches Bild entstanden. Denn diese Rezepte finden sich nur in seltenen Fällen in den tatsächlichen Speisefolgen der Hirschenbankette wieder. Andererseits hat Rosa Wenk natürlich alles, was Alltag und geläufig war, nicht aufgeschrieben. Und so stellt sich die Frage, was heißt z.B. der Eintrag, daß es bei einem beliebigen Bankett "Tapiokasuppe" gab oder "Hirschbraten" oder "Hecht"?

So haben wir uns die Frage gestellt, wie hat man in den letzten Jahrzehnten des 19. Jahrhunderts Fische zubereitet und Suppe gekocht. Wir haben uns bemüht, hier eine Antwort zu finden, indem wir die einfachen Speisen und ihre Zubereitung im Kochbuch der "Haushaltsschule der Freiburger Höheren Töchter St. Elisabeth", das eben in diesen 90er Jahren des vorigen Jahrhunderts niedergeschrieben wurde, nachgeschlagen haben.

Andere Rezepte haben wir in den traditionellen Kochbüchern des Schwarzwaldes gefunden, in denen auf verdienstvolle Weise versucht worden ist, die Kochkultur unserer Heimat aufzuschreiben und vor dem Vergessen zu bewahren.

Und natürlich waren die handgeschriebenen Aufzeichnungen unserer Mütter und Großmütter überaus hilfreich.
So hatten z.B. meine Mutter und Annettes Großmutter um die Jahrhundertwende in Freiburg in gutbürgerlichen Gasthöfen das Kochen gelernt und so, ganz konkret, in ihrem Kochen bis in die jüngere Zeit die alten Rezepte überliefert.

Wenn ich jetzt das durchblättere, was auf diese Weise entstanden ist, dann finde ich eine Sammlung badischer Kochtradition, von der ich hoffe, daß sie den täglichen Speisezettel der jungen Frauen nicht nur in Neuenburg bereichert. Es bleibt mir nur zu sagen, guten Erfolg beim Kochen und guten Appetit beim Essen.

Werner O. Feißt

Suppen

Krebssuppe (Süppchen von Flußkrebsen)

Die Grundlage aller Suppen, die Rosa Wenk serviert hat, war eine gute Fleischbrühe. Hier ein Rezept.

Fleischbrühe

1 kg Rindfleisch
Suppenknochen
Markknochen
Suppengemüse
Lorbeerblatt
Nelken
Salz

Alle Zutaten in kaltem Wasser aufsetzen und so lange kochen lassen bis eine kräftige Fleischbrühe entstanden ist.

(pro Kopf rechnet man ¼ l Fleischbrühe)

Sago- oder Tapiokasuppe

(echter Sago besteht aus dem Mark der Sagopalme. Heute wird Sago aus verkleisterter Kartoffelstärke hergestellt, durch rotierende Rundlochsiebe verformt. Tapioka wird aus den Wurzelknollen z.B. der Maniokpflanze hergestellt)

1 l Fleischbrühe
60 g Sago
1 Eigelb
nach Geschmack Sahne
Muskatnuß
Schnittlauch

Sago wird in reichlich kochende Fleischbrühe eingerührt. Nach dem Aufkochen läßt man ihn auf kleinem Feuer quellen bis er klar durchscheinend ist.
Die Suppe wird mit Sahne und Eigelb verfeinert, mit Muskatnuß abgeschmeckt und mit Schnittlauch angerichtet.

Einlaufsuppe

1 l Fleischbrühe
3 bis 4 EL Mehl
2 Eier
Salz
Muskatnuß
kalte Fleischbrühe

Aus den Zutaten wird ein dünnflüssiger Teig hergestellt. Diesen läßt man unter ständigem Rühren in die kochende Fleischbrühe laufen.

Wenn die Suppe ein paar Mal aufgekocht hat, wird sie mit Schnittlauch und Muskatnuß serviert.

Markknöpfle oder Markklößle

1 l Fleischbrühe
ca. 60 g Ochsenmark
1 bis 2 Eier
Salz
Pfeffer
Muskatnuß
pro Ei 2 EL Weckmehl
1 EL Weißmehl

Das Ochsenmark wird in frischem Wasser geknetet bis es schön weiß ist. Dann wird es schaumig gerührt. Eier, Salz, Pfeffer, Muskatnuß, Weckmehl und zum Schluß Mehl dazugeben. Gut durchkneten.

Mit der Hand oder mit zwei Teelöffeln werden kleine runde Knödel geformt. Diese werden für einige Minuten in siedende Fleischbrühe gegeben, damit sie gar werden.

Grünkernsuppe

40 g Butter
125 g Grünkerngrieß
1½ l kräftige Fleischbrühe
Pfeffer
Muskatnuß

nach Belieben
1 Ei
Sahne

In der heißen Butter den Grünkerngrieß hellbraun rösten. Mit wenig Brühe ablöschen und in gleichem Maß, wie die Grünkernmasse unter Rühren fester wird, allmählich mit der Brühe auffüllen.
Zugedeckt bei schwacher Hitze etwa 40 Minuten köcheln lassen. Mit Pfeffer und Muskatnuß würzen.

Man kann in die kochende Suppe ein Ei geben und mit der Gabel flockig schlagen oder die Suppe beim Anrichten mit Sahne verfeinern.

Flan-, bzw. Flanellsuppe (Baumwollsuppe)

1 l Fleischbrühe
40 g Butter
2 Eier
2 Kochlöffel Mehl
3 EL Sahne
Muskatnuß

Butter wird leicht gerührt. Nach und nach mit Eigelb, Mehl, Salz, Muskatnuß und Sahne zu einem dünnflüssigen Teig vermischen, unter den der Schnee der Eiweiß gezogen wird.
Den Teig auf einmal in die kochende Fleischbrühe stürzen, noch ein wenig kochen lassen und ohne umzurühren die Suppe mit Schnittlauch anrichten.

Suppen

Krebssuppe

1 l Fleischbrühe

pro Person rechnet man
2 bis 3 Krebse
4 bis 6 Mandeln
2 EL Mehl

Die Krebse in Salzwasser kochen bis sie rot sind.
Mit einem Messer die Schalen entfernen und das Fleisch der Schwänze und der Scheren herauslösen. Krebsfleisch beiseite stellen.
Aus dem Inneren des Körpers die Galle entfernen.
Alles übrige, einschließlich Schalen und Füße mit 4 bis 6 Mandeln in einem Mörser so fein wie möglich zerstoßen. Diese Masse mit einem Stück Butter auf dem Feuer rühren bis sie schön rot ist. Mehl darüber streuen, mit Fleischbrühe verdünnen und durch ein Sieb in kochende Fleischbrühe gießen.
Nochmals aufkochen lassen und die Suppe über die Krebsschwänze anrichten.

Nudelsuppe

500 g Rinderknochen, davon wenigstens
1 Markknochen
1 kg Ochsenbrust wie gewachsen (Hochrippe, Brustkern, Brustspitze)

2 große Karotten
2 Stangen Lauch
1/2 Sellerieknolle möglichst mit Blättern
2 mittelgroße Zwiebeln
250 g schmale Nudeln (Suppennudeln)
Salz
Pfeffer
Muskatnuß
Schnittlauch

Fleisch, Gemüse und Knochen in kaltem Salzwasser aufsetzen und zum Kochen bringen (die Poren schließen sich nicht, das Fleisch gibt seine Kraft an die Brühe ab). Das Fleisch solange kochen, bis es zu zerfallen beginnt. Aus der Suppe nehmen, ebenso die Knochen. Gemüse durch ein Haarsieb streichen und in die Brühe geben. Mit Salz, Pfeffer und Muskatnuß abschmecken. Nach Belieben das klein geschnittene Fleisch und das Mark in die Brühe geben (man kann aus dem Fleisch auch einen Salat oder Haschee machen).

In vorgewärmte Teller die gekochten Suppennudeln geben, heiße Fleischbrühe darüber gießen, mit Schnittlauch bestreuen und sofort servieren.

Gemüsesuppe

1 l Fleischbrühe

Je nach der Jahreszeit werden Blumenkohl, Gelbe Rüben, Bohnen, Erbsen, Kohlraben, Weiße Rüben, Petersilie, Petersilienwurzel, Sellerie verwendet.

Das Gemüse wird gewaschen, in Streifen geschnitten und in Salzwasser weich gekocht.
In einem anderen Topf werden Kartoffeln gekocht und durch ein Sieb getrieben.
Außerdem werden fein gehackte Zwiebeln in Butter glasig gedämpft, mit Mehl bestäubt.
Wenn das Mehl eine gelbe Farbe angenommen hat, wird mit Fleischbrühe abgelöscht und zusammen mit den Kartoffeln an das Gemüse gegeben, mit Fleischbrühe zu Suppe verdünnt und nochmals aufgekocht.

Mehlsuppe

1 l Fleischbrühe

80 bis 100 g Butterfett
120 g Mehl
1 kleine Zwiebel
2 l Fleischbrühe
Salz
Muskatnuß
Rotwein zum Abschmecken
Sauerrahm
eventuell geriebener Sbrinz- oder Parmesankäse

Das Butterfett erhitzen. Verwendet man zu wenig Fett, ballt sich das Mehl beim Rösten zusammen.
Auf kleiner Flamme unter ständigem Rühren in ca. 1/2 Stunde das Mehl im Butterfett zu kastanienbrauner Farbe rösten.
Etwa 10 Minuten vor Beendigung des Röstens eine fein gehackte kleine Zwiebel beifügen und mitrösten. Mit der Fleischbrühe ablöschen und etwa 2 Stunden köcheln lassen. Damit die Mehlsuppe schmeckt, ist es notwendig, das Mehl sorgfältig zu rösten und die Suppe nach vorgeschriebener Kochzeit zu kochen.

Dann wird sie mit einem Schuß Rotwein abgeschmeckt und mit 1 bis 2 EL Sauerrahm angerichtet. Man kann nach Geschmack noch mehr Rotwein dazugeben.

Sehr gut schmeckt die Suppe mit geriebenem Sbrinz- oder Parmesankäse.

Pastetchen

Gefüllte Pastetchen

Butterpastetchen

125 g Butter
4 Eier
etwas Salz
1 EL Mehl

Die Butter schaumig rühren und nach und nach Eigelb, etwas Salz und Mehl darunter mischen. Zuletzt das zu Schnee geschlagene Eiweiß unterheben.
Den Teig in kleine gebutterte Förmchen füllen, wobei beachtet werden muß, daß der Teig beim Backen aufgeht. Bei guter Hitze (ca. 200 Grad) goldgelb backen. Noch warm stürzen, Deckel abschneiden und aushöhlen. Mit dem Kalbfleisch füllen und warm servieren.

Gefüllte Pastetchen mit Kalbfleisch

750 g Kalbfleisch (Schulter)
Suppengemüse (Lauch, Gelbe Rübe, Sellerie, Petersilie, Zwiebel)
5 Pfefferkörner
1 Lorbeerblatt
1 l Wasser
Salz
2 Zitronenscheiben

Sauce:
50 g Butter
40 g Mehl
1/2 l Kalbfleischbrühe
1 Prise Zucker
4 EL badischer Weißwein
2 EL Sahne
1 Eigelb

Das Kalbfleisch mit dem Suppengemüse, den Zitronenscheiben, den Pfefferkörnern und dem Lorbeerblatt 1 Stunde in Salzwasser kochen.
Das Fleisch wird in das bereits kochende Wasser gelegt, damit das Fleisch saftig bleibt. Das weiche Fleisch aus dem Sud nehmen und warm stellen.

Für die Sauce das Mehl in der geschmolzenen Butter hellgelb rösten, unter Rühren nach und nach Kalbfleischbrühe dazugeben und 10 Minuten köcheln lassen.
Die Sauce wird mit Salz, Zucker, Wein und Sahne abgeschmeckt und mit dem Eigelb legiert.
Vorsicht! Nicht mehr kochen lassen, weil das Ei sonst gerinnt.

Das Kalbfleisch wird in kleine Würfel geschnitten in die Sauce gegeben und damit werden die Butterpastetchen gefüllt.

Römische Pastetchen mit Briesle

Teig:
20 g Mehl
1 EL dicker Sauerrahm
1 Prise Salz
1 TL Öl
1 Ei

Fett zum Ausbacken

Aus den Zutaten ein Teiglein anrühren und zwar in einer möglichst engen tiefen Tasse. Reichlich Fett zum Ausbacken heiß werden lassen.
Die Pastetenform vorsichtig in den Teig tauchen bis zum Rand, danach die Form im heißen Fett goldbraun backen.

Vorsichtig den Teig von der Form abklopfen und heiß stellen. Vor dem Servieren mit Bries-Ragout füllen.

Man kann auch Zungenragout oder Gemüse als Füllung verwenden.

Briesle (Drüse des Kalbes)

2 Briesle
1/4 l Fleischbrühe
Butterfett
Mehl
Salz
1 Zwiebel
1 Lorbeerblatt
2 Nelken
Zitronensaft
1 Glas badischer Riesling
4 EL Sahne
2 Eigelb

Die Kalbsbriesle werden für einige Minuten in lauwarmes Wasser gelegt. Dann werden sie in kochender Fleischbrühe einige Minuten gekocht, mit kaltem Wasser abgespült und gehäutet. Das Bries in feine Ragoutstücke schneiden. In Butterfett kurz dämpfen und mit Mehl bestäuben. Sobald dieses Farbe annimmt, mit Fleischbrühe ablöschen, in die man die mit Nelken und Lorbeerblatt gespickte Zwiebel sowie die Zitrone und den Wein gibt.

Nach etwa einer halben Stunde Kochen wird die Sauce mit dem Eigelb gebunden und mit der Sahne verfeinert.

Vor dem Servieren in die noch warmen Römischen Pasteten füllen.

Coquillen und Fleurons

Coquillen mit Geflügelragout

Coquillen (Muschelschalen)

Rosa Wenk schreibt: "Seit den letzten 10 Jahren ist es Sitte geworden, bei großen Frühstücken oder bei Dinners nach der Suppe häufig gebundene feine Ragouts in Muschelschalen zu servieren, die man gleich in diesen Muscheln bäckt und wozu man gewöhnlich die hübsch geformten großen Schalen der Jakobsmuscheln benützt."

Coquillen mit Fischragout

400 g frischer Fisch
Salz
100 g Butter
Zitronensaft
1 EL Mehl
1/4 l Fleischbrühe
1 Glas Weißwein
3 Eigelb
Sardellenbutter
weißer Pfeffer
Muskatnuß
Weckmehl
Parmesankäse

Frisch gefangener Fisch (Hecht, Karpfen, Zander) wird aus Haut und Gräten gelöst, gewaschen, abgetrocknet und in Würfel geschnitten.
Nach dem Salzen werden sie mit Butter und Zitronensaft auf kleinem Feuer weich gedünstet und müssen auf einem Sieb abtropfen.
In Butter wird ein Löffel Mehl angeschwitzt und mit 1/4 l Fleischbrühe, 1 Glas Weißwein und dem Fond der Fische abgelöscht. Die so entstandene Sauce wird unter ständigem Rühren eingedickt und mit 3 Eigelb legiert.
Sie wird mit etwas Zitronensaft, Sardellenbutter, weißem Pfeffer und Muskatnuß gewürzt. Dann kommen die Fischwürfel in die Sauce, werden gut durchgemischt und in die Muschelschalen gefüllt.

Mit Weckmehl und Parmesankäse bestreut und mit Butter oder Krebsbutter beträufelt. Auf einem Kuchenblech werden sie im heißen Ofen schön gelb überbacken.

Fleurons

(Halbmonde, Sterne etc. aus Butterteig zur Dekoration von Speisen)

Ein ungesüßter Butterteig (s. Butterpastetchen) wird messerrückendick ausgewallt.
Mit Blechformen wie Halbmonde, Sterne, Herzen u.a. ausstechen und auf ein mit Wasser benetztes Backblech legen. Die Fleurons mit Eigelb bestreichen und im ziemlich heißen Ofen zu schöner Farbe backen.

Sie dienen dem Garnieren von Ragouts und ähnlichen Speisen.

Coquillen mit Geflügelragout

2 Hühnerbrüstchen
1 Hühnerleber
60 bis 80 g Butter
1 EL Mehl
1/2 l kräftige Fleischbrühe
1 Gelbe Rübe
1 Lauch
1 Stück Sellerie
1 Petersilienwurzel
2 Nelken
Pfefferkörner
Pimentkörner
1 Zitrone
3 fein gehackte Sardellen
wenn möglich einige
schwarze Trüffel

Die Butter hellbraun rösten und mit Mehl verrühren. Mit Fleischbrühe ablöschen und mit dem klein geschnittenen Wurzelwerk, den Gewürzen, einem Stück Zitronenschale und den Sardellen eine halbe Stunde kochen.
Sie wird mit etwas Zitronensaft abgerundet und mit dem klein geschnittenen Hühnerfleisch, sowie den fein gehackten Trüffeln aufgekocht.

Dann wird die Masse in die Muscheln gefüllt, mit Weckmehl und Parmesankäse bestreut und mit Krebsbutter beträufelt.
Auf einem Kuchenblech im heißen Ofen schön gelb überbacken.

Coquillen mit Krebsragout

16 bis 20 Krebse
200 g Butter
1 EL Mehl
1/2 l kräftige Fleischbrühe
1 Zitrone
Sardellenbutter

Die Krebse werden gekocht, die Schwänze und Scheren ausgebrochen, die Schalen im Mörser zerstoßen und in 100 g heißer Butter gedämpft. Beständig umrühren. Mit Mehl bestäuben und durchschwitzen lassen. Mit der Fleischbrühe ablöschen. Dick einkochen lassen und durch ein Sieb streichen.
Dann wird die Sauce mit Zitronensaft und Sardellenbutter gewürzt. Danach das Krebsfleisch in die Sauce geben, wobei nach Belieben das Ganze mit Fisch, Bries oder gedünsteten klein geschnittenen Champignons gestreckt werden kann.

Das Ragout in die Muschelschalen füllen. Weckmehl und Parmesankäse darüber streuen, mit Krebsbutter beträufeln und im Ofen bei starker Hitze hellbraun backen.

Fisch

Gedämpfter Lachs

Fisch

Hecht und runde Erdäpfel (gebackene Kartoffeln)

1 Hecht
1 Tasse Wein
2 EL Essig

Sud:
1 Tasse Essig
2 Tassen Fleischbrühe
1 Zwiebel
Salz
Nelken
Lorbeerblatt
1 Zitrone
ganzer Pfeffer

Sauce:
40 g Butter
40 g Mehl
1/2 l Sud

Sollte der Hecht noch nicht geschuppt sein, dann wird er vor dem Schuppen mit Essig eingerieben. Dieses erleichtert das Schuppen erheblich.
Nach dem Ausnehmen und Säubern, den Fisch erst mit Zitronensaft säuern, dann salzen.

Der Hecht wird in einem Sud aus Essig, Fleischbrühe, Zwiebel, Salz, Nelken, Lorbeerblatt, Zitrone und ganzem Pfeffer gekocht. Er ist gar, wenn sich die Rückenflosse leicht heraus ziehen läßt.

Für die Sauce wird eine helle Einbrenne aus Butter und Mehl gemacht und mit Sud abgelöscht.

Als Beilage werden kleine Kartoffeln geschält oder größere ausgestochen.
In einem breiten Topf wird Butterfett geschmolzen und da hinein die rohen Kartoffeln nebeneinander gelegt, mit Salz und Pfeffer bestreut und bei zugedecktem Topf auf kleinem Feuer gedämpft.

Der Topf wird von Zeit zu Zeit gerüttelt und darf erst nach etwa 1/2 bis 3/4 Stunde (hängt von der Größe der Kartoffeln ab) aufgedeckt werden. Die Kartoffeln sollen eine gelbe Farbe haben.

Fisch

Hecht blau gesotten

1 Hecht (1 bis 2 kg)
Essig
2 l Wasser
50 g Salz
65 g Butter
1 Zwiebel
1 Lorbeerblatt
2 Nelken
5 Pfefferkörner
5 Pimentkörner
Petersilie
Zitronenscheiben

zum Anrichten:
roher geriebener Meerrettich mit Essig und Salz angemacht
heiße Butter

Nach dem Putzen und Schuppen wird der Hecht gekrümmt, indem man den Schwanz am Maul mit einer Nadel und einem Bindfaden befestigt.
Er wird in eine Schüssel gelegt und mit kochendem Essig übergossen.

Aus 2 l Wasser, Salz, Butter, mit Lorbeerblatt und Nelken bestreckter Zwiebel und den Gewürzkörnern einen Sud bereiten. Sobald er kocht, den Fisch hineinlegen und 5 Minuten kochen lassen. Die Brühe abschäumen. Den Topf schließen und ½ Stunde auf kleinstem Feuer stehen lassen. Das Wasser darf nicht mehr sieden.

Der Fisch wird mit Petersilie und Zitronenscheiben garniert. Roher Meerrettich, der mit Essig und Salz angemacht ist, zerlassene Butter oder heiße Sardellenbutter dazu servieren.

Hecht gebraten auf ungarische Art

1 Hecht (1 bis 2 kg)
Salz
Butter
1/2 Zwiebel
3 EL Sahne
4 Sardellen
Weckmehl

Hecht schuppen, ausnehmen und waschen. Den Kopf und den Schwanz abschneiden und den Fischkörper der Länge nach teilen. Die Gräten sollten soweit wie möglich, entfernt werden! Die beiden Fischhälften mit Salz bestreuen und nebeneinander in eine breite, nicht zu tiefe mit Butter bestrichene Kasserolle legen.
In einer Pfanne ½ sehr fein gehackte Zwiebel in Butter gelb rösten und mit Sahne und den entgräteten und fein gehackten Sardellen vermischen.

Diese Mischung auf die Fischhälften streichen und mit Weckmehl bestreuen. Die Kasserolle für 1 Stunde ruhen lassen, damit der Fisch mariniert wird. Danach wird er mit flüssiger Butter beträufelt und unter ständigem Begießen mit der Sauce bei mäßiger Hitze im Backofen braun gebraten.

Fisch

Lachs mit Kapernsauce

4 Tranchen Lachs
(je 125 bis 200 g)
2 EL Mehl
2 EL Butterfett
1 Zwiebel
1 Prise Zucker
ca. 200 ml Fleischbrühe
nach Geschmack Weinessig
Salz
Muskatnuß
4 Pfefferkörner
2 Nelken
etwas Zitronensaft
2 EL Kapern

Mehl in Butterfett braun rösten. Die feingeschnittene Zwiebel und etwas Zucker dazu geben. Mit Fleischbrühe ablöschen. Essig, Salz, Muskatnuß, Pfefferkörner, Nelken, Lorbeerblatt und Zitrone sowie Kapern beifügen. Mehrere Male aufkochen lassen.

Die Butter schmelzen, die Fischscheiben darin ca. 5 Minuten dämpfen. Mit der Kapernsauce anrichten.

Salm mit holländischer Sauce

Der Salm wird wie Lachs zubereitet.

Sauce:
60 g Butter
1 EL Mehl
30 ml Sauerrahm
etwas Zitronensaft
1 Eigelb

Die holländische Sauce sollte kurz vor dem Anrichten des Salm hergestellt werden.

Dazu werden Butter, Mehl, Sauerrahm, Zitronensaft und Eigelb mit einem Schneebesen im Wasserbad schaumig geschlagen und mit etwas Fleisch-, Hühner-, besser Fischbrühe verdünnt.

Gedämpfter Lachs

4 Scheiben Lachs
(zu je 150 bis 200 g)
2 EL Butter
1 Zwiebel
2 TL Senfpulver
100 ml herber Weißwein
100 ml Fleischbrühe
Salz, Pfeffer

Die Butter schmelzen, die Fischscheiben darin ca. 5 Minuten dämpfen, umdrehen, klein gehackte Zwiebel beigeben und mitdämpfen.
Den Fisch auf eine warme Platte legen.

Zu den Zwiebeln das Senfpulver rühren, mit Wein und Brühe ablöschen, aufkochen, über den Fisch gießen.

Fisch

Forelle blau

Kochwasser:
1½ l Wasser
Salz
200 g Suppengemüse (Lauch, Sellerie, Gelbe Rüben)
1 Zwiebel
1 Lorbeerblatt
2 Nelken
3 Pfefferkörner
1 EL Weißweinessig

4 frische Portionsforellen (auf Augen und Kiemen achten)
1/4 l heißes Essigwasser

Garnitur:
100 g Butter
Petersilie

Die Fische sollten ganz frisch sein. Um den Schleim der Haut zu schützen, der für die Zubereitung "blau" notwendig ist, sollte man die Fische nur an den Kiemen festhalten, beim eventl. Ausnehmen und Putzen.

Dann werden sie mit heißem Essigwasser kurz übergossen und in den siedenden Fischsud (alle Zutaten 20 bis 30 Minuten kochen) gelegt und sollten eher ziehen als kochen. Die Fische sind gar, wenn die Augen heraustreten, nach etwa 10 bis 15 Minuten.

Auf einer heißen Platte mit Petersilie anrichten.
Mit zerlassener Butter servieren.

Aal in Rieslingsauce

1 Aal
4 EL Essig
1/4 l badischer Riesling
20 g Butterfett
2 EL Mehl
1 Zitrone
2 Eigelb
Muskatnuß
Salz

Der abgezogene, mit Zitronensaft beträufelte Aal wird in fingerlange Stücke geschnitten.
Diese werden in einer Schüssel mit einem heißen Sud aus Essig und Weißwein übergossen und müssen darin 20 Minuten ziehen.

In Butterfett wird Mehl hellgelb angeröstet, mit der Marinade abgelöscht und mit Zitronensaft , Muskatnuß und Salz abgeschmeckt.

Der Aal wird hineingelegt und gedünstet (nicht kochen!).
Vor dem Anrichten wird die Sauce mit 2 Eigelb legiert.

Fisch

Barben

ca. 1 kg Barben
ca. 1 EL Salz
3 EL Mehl
2 Eier
1 EL Milch
Weckmehl
Fett zum Ausbacken

Die Fische putzen, Köpfe abschneiden.
Fische in 3 bis 4 Finger breite Stücke schneiden.
Die Fischstücke salzen und ca. ½ Stunde ziehen lassen.
Milch und verquirltes Ei gut mischen.

Die Fische zunächst in Mehl wenden, danach durch die Milch-Ei-Mischung ziehen und mit Weckmehl panieren. In schwimmendem Fett hellbraun backen (ca. 8 Minuten).

Zander an weißer Sauce

1 Zander (ca. 1 kg)
Suppengemüse
(Lauch, Gelbe Rübe, Sellerie)
1 Zwiebel
1 Lorbeerblatt
2 Nelken
30 g Salz
Petersilie

Sauce:
40 g Butter
40 g Mehl
1/2 l Sud

Den Zander säubern (waschen, schuppen und ausnehmen) und salzen. In kaltem Salzwasser mit Suppengemüse aufsetzen und zum Kochen bringen.
Dann den Topf vom Feuer nehmen und den Fisch ziehen lassen. Bis der Fisch gar ist (wenn sich die Rückflosse gut lösen läßt) die weiße Sauce zubereiten:

Das Mehl in der geschmolzenen Butter hellgelb rösten, mit Sud ablöschen und eventuell mit Salz und Pfeffer abschmecken.

Sauce über den Fisch geben, mit Petersilie bestreuen und mit Salzkartoffeln servieren.

Gebackener Karpfen

1 Karpfen (ausgenommen, geschuppt und gewaschen)
1½ EL Salz
2 bis 3 EL Mehl
1 Ei
etwas Milch
Weckmehl
Fett zum Ausbacken

Der gesäuberte Karpfen wird mit Salz und Pfeffer eingerieben, in breite Scheiben geschnitten und auf ein trockenes Tuch gelegt.

Nach einer halben Stunde werden die Stücke in Mehl gewälzt, durch ein verquirltes Ei, dem etwas Milch beigefügt wurde, gezogen und mit Weckmehl paniert.
In heißem Fett schön rösch backen.

Fisch

Aal à la matelote

1 Aal	Der Aal wird gehäutet, der Karpfen geschuppt.
1 Karpfen	Beide Fische werden in mundgerechte Stücke geschnitten und gesalzen.
10 bis 15 Schalotten	
Butter	In einer großen Kasserolle 10 bis 15 Schalotten in Butter bräunen, mit Mehl überstäuben und mit Rotwein ablöschen.
einige Löffel Mehl	
1½ l Rotwein	
Salz	Mit Salz und Pfeffer würzen. Das Kräuterbouquet dazugeben sowie die Knoblauchzehe.
Pfeffer	
1 Bouquet Küchenkräuter	Die Sauce muß 20 Minuten köcheln.
1 ungeschälte Zehe Knoblauch	Dann werden die Aalstücke hineingegeben.
1 Weinglas Cognac	Nach einer weiteren ¼ Stunde die Karpfenstücke und das Glas Cognac.
	Nach weiterem Schmoren von ca. ¼ Stunde, kann die Matelote angerichtet werden.

Fisch au gratin

1 Seezunge oder	Der Fisch wird gut gesalzen und gepfeffert und mit Butter in eine Kasserolle gegeben.
1 großer Barsch oder Hecht oder Karpfen	
Salz	In Butter wird etwas Mehl hellgelb geröstet und mit Fleischbrühe abgelöscht. Dieses wird als Sauce über den Fisch gegossen.
Fleischbrühe	
2 EL Mehl	
1-2 Zwiebeln	Fein gehackte Zwiebeln in Butter gelb rösten und über den Fisch streuen.
schwarzer Pfeffer	
Butter	
Sauerrahm	Zum Schluß kommt noch ein wenig Sauerrahm, schwarzer Pfeffer und Zitronensaft darüber.
Zitronensaft	
	Das Fischgericht muß nun 15 bis 20 Minuten im heißen Backofen garen bzw. gratinieren.

Geflügel

Poulet sauté

Geflügel

Poularde

Eine Poularde ist ein gemästetes Huhn. Es entspricht dem Kapaun, der ein beschnittener und gemästeter Hahn ist. Beide werden wie Hahn und Huhn zubereitet. Sie brauchen zum Garwerden 1 bis 1 ½ Stunden.

Gebratener junger Hahn

1 junger Hahn
1 bis 1 ½ trockener Wecken
Milch zum Einweichen
Salz
Butterfett
1 Zwiebel
1/2 l Fleischbrühe
Brotrinde

Nachdem er gerupft, ausgenommen, gesengt und ausgewaschen ist, wird er abgetrocknet und innen gesalzen.
Er wird mit einer Füllung aus eingeweichten trockenen Wecken, Ei und den fein gehackten Eingeweiden (Herz, Magen, Leber) gefüllt. Die Öffnung wird zugenäht. In Butterfett mit der Zwiebel wird der Hahn schön gelb gebraten. Dann wird mit etwas Fleischbrühe angegossen und eine Brotrinde dazugegeben. Im Ofen wird der Hahn fertig geschmort.

Gebackene Hühner

1 Huhn
Salz
Pfeffer
Mehl
verquirltes Eigelb
Weckmehl
Butterfett

Die Hühner werden gerupft, ausgenommen, abgewaschen und abgetrocknet, innen und außen mit Salz und Pfeffer bestreut. Ruhen lassen.
Je nach Größe werden sie in 4 bis 6 Teile zerschnitten, in Mehl gewendet, desgleichen in verquirltem Ei und Weckmehl.
Die so panierten Hühnerteile werden in reichlich heißem Butterfett schön knusprig gelb gebraten.
Zum Entfetten kann man sie auf Brotscheiben legen.

Kastanienfarce zum Füllen von Geflügel

Ein Dutzend schöne Kastanien schälen und ¼ Stunde in einer kräftigen Fleischbrühe kochen. Abtropfen lassen und im Mörser (heute verwendet man den Mixer) mit der gekochten Leber des Geflügels sowie 1 EL gehacktem Schinken, 1 TL gehackten Schalotten, ebenso viel klein geschnittenen Zitronenschalen, Salz, 1 Prise Pfeffer, 60 g Butter, 2 EL Weckmehl und 2 Eigelb verarbeiten. Diese Füllung kann für alle Geflügelarten verwendet werden.

Geflügel

Gebratene Ente

1 Ente
Salz
Pfeffer
1 Zwiebel
Butterfett
1/4 l Fleischbrühe

Nach der entsprechenden Vorbereitung wird die Ente mit Salz und Pfeffer bestreut und in heißem Butterfett mit der feingehackten Zwiebel schön gelb angebraten, mit etwas Fleischbrühe abgelöscht und unter fleißigem Begießen im Ofen weich gedünstet.

Enten können wie beim gebratenen Hahn beschrieben, gefüllt werden.

Truthahn

Ein Truthahn reicht für 10 Personen. Zum Braten nimmt man einen jungen Truthahn im Alter von ca. ¾ Jahren, was hauptsächlich an den weißen Beinen zu erkennen ist. Wenn er einige Tage abgehängt ist, wird er sauber gewaschen, innen und außen abgetrocknet, gesalzen und dressiert. Man belegt ihn mit Speckscheiben und brät ihn wie jungen Hahn.

Poulet sauté

1 Poulet (Hähnchen oder Huhn)
Salz
Pfeffer
2 EL Butterfett
200 g frische Champignons, blättrig geschnitten
1 Zwiebel, fein gehackt
100 ml herber Weißwein
100 ml Hühnerbrühe
1 TL Zitronensaft
1 EL Petersilie, fein gehackt

Das Poulet in acht Teile zerschneiden, mit Salz und Pfeffer einreiben.
Das Butterfett erhitzen, die Pouletstücke darin anbraten.
Die Pilze und die Zwiebeln beigeben, mitdämpfen, mit Wein und Brühe ablöschen.
Zugedeckt dämpfen, bis das Poulet weich ist.

Die Pouletstücke auf einer warmen Platte anrichten, der Sauce den Zitronensaft und die Petersilie beigeben. Über das Fleisch gießen.

Fleisch

Lummelbraten

Roastbeef

1 kg abgehangenes Roastbeef (z.B. Ochsenschoß)
1 TL Salz
1/2 TL grob gem. Pfeffer
40 g Butterfett
1/2 l Fleischbrühe
1/8 l trockener Rotwein
1 Zwiebel
1 Lorbeerblatt
2 Nelken
4 zerdrückte Wacholderbeeren
6 Stengel Petersilie
1 EL Tomatenmark
1 TL Essig

Salz und Pfeffer mischen und damit das Fleisch einreiben. Butterfett in einem Bräter erhitzen und das Fleisch darin rundherum braun anbraten.
Mit der heißen Fleischbrühe und der Hälfte des Weines ablöschen. Die geschälte und mit Lorbeerblatt und Nelken gespickte Zwiebel, Wacholderbeeren und die abgespülten Petersilienstengel zufügen.

Das Fleisch zugedeckt bei mittlerer Hitze ca. 1 ½ Stunden dämpfen. Dann warm stellen.

Den Fond durch ein Sieb gießen, mit dem restlichen Wein und dem Essig abschmecken. Eventuell noch etwas salzen und pfeffern und als Sauce servieren.

Lummelbraten

750 g Rinderfilet (Lummel)
Butterfett
4 Gelbe Rüben
3 Schalotten
125 g roher Schwarzwälder Schinken in dünnen Scheiben
1 Lorbeerblatt
2 Nelken
schwarze Pfefferkörner
1/4 l Brühe oder Rotwein
1/4 l Sauerrahm

In einer Kasserolle Butterfett erhitzen. Darin die halbierten Gelben Rüben, die ebenfalls halbierten Schalotten, den rohen Schinken und die Gewürze andünsten.
Wenn das Gemüse Farbe angenommen hat, zusammen mit dem Schinken aus der Pfanne nehmen und das Fleisch in dem aromatisierten Fett von allen Seiten anbraten. Bei reduzierter Hitze das Gemüse wieder zum Fleisch geben und den Schinken darüber decken.
Dann mit der Brühe oder dem Rotwein ablöschen.

Je nachdem, wie man das Fleisch haben möchte (durchgebraten, mittel oder blutig) muß die Bratzeit bemessen werden.
Wer das Fleisch rosa (also medium) möchte, nimmt es nach etwa 20 bis 30 Minuten heraus und läßt es auf einem Brett kurze Zeit ruhen, damit der Saft im Fleisch stockt.

Dann das Fleisch in fingerdicke Scheiben schneiden und mit dem Gemüse umlegen. Den Bratenfond darüber gießen. Über das Fleisch reichlich Sauerrahm geben. Man kann aber auch den Bratenfond mit Sauerrahm verfeinern und über das Fleisch geben.

Fleisch

Rindfleisch mit Meerrettich

Salz
2 große Gelbe Rüben
2 Stangen Lauch
1/2 Sellerieknolle möglichst mit Blättern
2 mittelgroße Zwiebeln
500 g Rinderknochen, davon wenigstens
1 Markknochen
1 kg Ochsenbrust wie gewachsen (Hochrippe, Brustkern, Brustspitze)

Salzwasser mit Gemüse und Knochen in einem großen Topf zum Kochen bringen. Wenn das Wasser sacht zu sprudeln beginnt, das abgewaschene Fleisch hineingeben. So schließen sich seine Poren durch das heiße Wasser sofort und der Saft wird nicht ausgeschwemmt.
Das Fleisch 1 bis 2 Stunden sachte köcheln lassen. Herausnehmen und ruhen lassen. In Scheiben schneiden und auf einer Platte anrichten. Ein wenig von der Brühe über das Fleisch gießen.
Nach Belieben das Gemüse auf der Platte anrichten.

Meerrettichsauce dazu servieren (s. Saucen)

Kalbskopf in Sauce

1/2 Kalbskopf

Sud:
5 l Wasser
3 EL Salz
2 EL Essig
3 Nelken
1 Gelbe Rübe
1 Zwiebel
4 Pfefferkörner
1 Zitronenscheibe
1 Bund Suppengrün

Beiguß:
100 g Butterfett
200 g Mehl
2½ l Kalbskopfbrühe
3 EL Madeira

Marinade:
1 TL Salz
1 Prise Paprika
1/5 l Rotwein

Am Tag vor dem Kochen wird der entbeinte Kalbskopf gewässert und gerollt, mit einer Schnur umwickelt, in den kochenden Sud gegeben und langsam gekocht, bis er so weich ist, daß man ihn mit einem Strohhalm einstechen kann (ca. 3 Stunden).
Dann wird das Fleisch auseinandergebreitet und die weiße Gaumenhaut entfernt.
Der Kalbskopf wird einige Stunden zwischen zwei Brettern gepreßt.

Aus Butterfett, Mehl und Kalbskopfbrühe einen Beiguß (Sauce) herstellen.
Der Beiguß muß mindestens 4 bis 5 Stunden durchkochen. Der Kalbskopf wird in verschobene Rechtecke geschnitten, in einer Schüssel mit Rotwein, Salz und Paprika ca. 1 Stunde mariniert und mitsamt der Zunge in den Beiguß gegeben.
Nochmals aufkochen lassen. Mit Madeira abschmecken.

Den Kalbskopf auf einer runden Platte anrichten oder in einem Reisring servieren.

Zum Garnieren:
Blätterteig-Halbmonde (siehe Fleurons), 10 Essiggurken

Fleisch

Gebratener Kalbsrücken

1 Kalbsrücken,
ca. 1½ kg (vom Metzger wie Rehrücken schneiden lassen, vom zweiten Nackenwirbel bis zu den Keulen, Rückenwirbel und Rippenknochen entfernt, sowie alle sehnigen Teile)
1 l Magermilch
1 TL Salz
1 Döschen Sardellenfilets
3 EL Butterfett
ca. 300 ml Wasser
100 ml Sauerrahm

Das über Nacht in der Milch eingelegte Fleisch trocken tupfen, mit den Sardellenfilets spicken, indem man diese unter die Fettschicht schiebt.
Mit Salz einreiben.
Das Butterfett erhitzen, das Fleisch auf allen Seiten anbraten, während man nach und nach das Wasser dazugießt und das Fleisch immer wieder mit dem Bratenfond begießt.

Nach 1½ Stunden mit dem Sauerrahm bestreichen. Nochmals einige Minuten braten.

Gebratener Kalbsrücken

Fricandeau

3 Pfund Kalbsnuß
50 g Spickspeck
15 g Salz
1 Prise Pfeffer
60 g Butterfett
1 Zwiebel
1 Gelbe Rübe
1/8 l Sauerrahm
1/4 l Fleischbrühe

Der obere und untere Teil des Kalbsschlegels werden als Schale bezeichnet. Die Nuß, ein runder Muskel, liegt dazwischen. Er wird auch als Fricandeau bezeichnet.

Fleisch häuten, mit Speckstreifen spicken, dabei in Richtung der Fleischfasern vorgehen. Erfolgt das Spicken am Vorabend, wird das Fleisch in ein mit Wein getränktes Tuch eingeschlagen.

Das Fleisch mit Salz und Pfeffer würzen, im heißen Butterfett zusammen mit der Zwiebel und der Gelbe Rübe braun anbraten. Mit Fleischbrühe ablöschen und die Pfanne in den vorgeheizten Backofen für 40 bis 60 Minuten unter ständigem Begießen stellen.
Den Sauerrahm darüber geben und nochmals 10 Minuten garen lassen.

Beim Anrichten Sauce entfetten und mit Wein abschmecken.
Das Fleisch mit Zitronenschnitzen servieren.

Kalbsnierenbraten

750 g Kalbfleisch
(entbeintes Nierenstück)
1 Kalbsniere
Salz
Pfeffer
80 g Butterfett
1 Zwiebel
1 Gelbe Rübe
1 l Fleischbrühe
1/4 l Buttermilch
1 EL Stärkemehl

Soweit der Metzger den Kalbsnierenbraten nicht fertig verkauft, wird das Nierenstück mit Salz und Pfeffer bestreut, die der Länge nach geteilte Niere darauf gelegt, das Fleisch eingerollt und mit einem Faden umwickelt.

Mit Zwiebel und Gelbe Rübe von allen Seiten braun anbraten, mit Fleischbrühe ablöschen und ca. 90 Minuten schmoren.
Die Sauce wird mit Buttermilch und Stärkemehl sämig gemacht.

Wiener Schnitzel

4 Kalbschnitzel von der Nuß, dünn geschnitten und vom Metzger geklopft
80 g Butterfett
Salz
Pfeffer
1 Ei
Mehl
Paniermehl
fein verkrümeltes Toastbrot

Die vom Metzger vorbereiteten Schnitzel werden mit Salz und Pfeffer gewürzt, in Mehl gewendet, durch das verquirlte Ei gezogen und mit einer Mischung von Paniermehl und feinen Toastbrot-Krumen paniert.
Im heißen Butterfett knusprig braun braten.
Mit Zitronenscheiben servieren.

Gefüllte Kalbsbrust

Füllung:
2 bis 3 trockene Wecken
1/8 l Milch
1 Zwiebel
Petersilie
2 bis 3 Eier
100 g Kalbsbrät
Salz
Pfeffer
Majoran
Muskatnuß

Braten:
1 vom Metzger vorbereitete Kalbsbrust von ca. 1 kg
Butterfett
2 bis 3 Gelbe Rüben
2 Zwiebeln
1 Lorbeerblatt
2 Nelken
Fleischbrühe

Brötchen in dünne Scheiben schneiden und in einer Schüssel mit der kochenden Milch übergießen.
Eine halbe Stunde einweichen.
In etwas Butterfett die fein gehackte Zwiebel mit der fein gewiegten Petersilie dünsten und zu den aufgeweichten Brötchen geben.
Mit den Eiern, dem Brät, Salz und Gewürzen zu einer gleichmäßigen Masse verarbeiten und damit die Kalbsbrust füllen. Vorsicht! Zu viel Füllung bringt die Brust beim Braten zum Platzen. Die Öffnung mit einer Stopfnadel und Zwirn fest zunähen.
In einer Kasserolle Butterfett erhitzen und die Brust von allen Seiten anbraten.
Nach etwa 10 Minuten Gelbe Rüben, halbierte Zwiebel, Lorbeerblatt und Nelken dazu geben. Mit einer Tasse Fleischbrühe ablöschen. Die Kasserolle schließen und 1½ Stunden in den auf 250 Grad vorgeheizten Backofen schieben. Von Zeit zu Zeit mit dem Bratensaft übergießen, eventuell mit heißer Fleischbrühe ergänzen.
Nach 1½ Stunden den Deckel abnehmen und auf der Oberfläche der Brust eine Kruste bilden lassen (ca. 10 Minuten).

Den Bratensaft eventuell mit etwas Fleischbrühe verlängern und mit Mehlbutter binden.

Zunge in Sauce

1 bis 2 Kalbszungen
1½ l Wasser
1 Bund Suppengrün
20 g Butter
40 g Mehl
2 Gläser badischer Weißwein
Salz
Pfeffer
1 Prise Zucker

Zunge in kochendes Salzwasser geben und mit Suppengrün ca. 1 Stunde weich kochen (wenn die Zungenspitze weich ist, ist die Zunge gar).
Die Zunge aus der Brühe nehmen, die Haut abziehen und das Fleisch in kleine Würfel schneiden.
Das Mehl in der Butter hell anschwitzen. Mit der durchgesiebten Zungenbrühe ablöschen und auffüllen, durchkochen lassen. Die Sauce mit Salz, Pfeffer, Wein und 1 Prise Zucker abschmecken.
Die Fleischwürfel in die Sauce geben.

Zunge in Madeira

wird wie "Zunge in Sauce" zubereitet, jedoch wird anstelle von Weißwein Madeira verwendet und die Zunge in Scheiben aufgeschnitten.

Schweinepfeffer

1 kg Schweinefleisch
(Kamm oder Bug)

Beize:
100 ml Essig
1/4 l Wein
1/2 l Wasser
Zitronenscheiben
1 Zitrone
1 Lorbeerblatt
4 Nelken
4 Pfefferkörner
1 Sträußchen Suppengrün
1 EL Salz

Beiguß:
100 ml Schweineblut oder
100 g zartbittere Schokolade, fein gerieben
30 g braun geröstetes Mehl

Das Fleisch klopfen, waschen und in dicke handflächengroße Stücke schneiden.
Diese 24 Stunden in die Beize legen.

Das Fleisch wird ca. 1 Stunde in der Beize gekocht, Blut oder Schokolade mit dem angerührten Mehl in den Sud rühren und nochmals ca. 20 Minuten weiter dämpfen.

Schweinepfeffer

Fleisch

Gebeizter Schweineschlegel

1 Schweineschlegel
von ca. 1½ kg

Beize:
1/2 l milder Essig
1 Glas Wein
1 Zwiebel
1 Lorbeerblatt
2 Nelken
5 schwarze Pfefferkörner
1 Gelbe Rübe
1 Zitrone
1 Hand voll zerdrückte
Wacholderbeeren

außerdem:
1 Schöpflöffel Fleischbrühe
nach Geschmack Sauerrahm

In die Schwarte eines Schweineschlegels werden kleine Einschnitte gemacht und diese mit Salz eingerieben.
Für 4 bis 6 Tage wird der Schlegel in die Beize gelegt.
Er muß täglich zweimal umgewendet werden.

Dann wird in einer Kasserolle 1 Schöpflöffel Fleischbrühe und halb so viel Beize zum Kochen gebracht, das Fleisch, die Gewürze und das Gemüse dazugegeben, die Flüssigkeit eingedämpft bis der Braten Farbe hat.
Es wird mit Fleischbrühe abgelöscht und unter fleißigem Begießen im Ofen gar gebraten.
Vor dem Anrichten wird die Sauce entfettet und mit Sauerrahm gebunden.

Es kann auch Fleisch vom Hals oder Bug so zubereitet werden.

Schweinebraten

1½ kg Schweinebraten
2 Zwiebeln
1 Gelbe Rübe
2 Nelken
1 Lorbeerblatt
5 schwarze Pfefferkörner
Zitronenschale
1 Brotrinde
Fleischbrühe

zum Binden:
30 g Butter
30 g Mehl
miteinander vermischen
und in die Sauce geben.

Fleisch vom Schlegel oder von der Schulter wird geklopft, abgerieben und in einer Kasserolle mit Zwiebeln, Gelbe Rüben, schwarzen Pfefferkörnern, Nelken, Lorbeerblatt, etwas Zitronenschale und Brotrinde mit kochendem Wasser übergossen.
Wenn das Wasser verdunstet ist, wird das Fleisch im eigenen Fett schön braun, rundrum angebraten.
Mit Fleischbrühe oder Wasser ablöschen und unter fleißigem Begießen, je nach der Größe, 2 bis 3 Stunden im Backofen braten.

Die Sauce wird vor dem Aufkochen entfettet und mit Mehlbutter gebunden.

Hammelbraten

Der Hammelbraten wird wie Schweinebraten zubereitet

Geschmorter Hammelschlegel

1½ bis 2 kg Hammelkeule
1 Gelbe Rübe
1 Stück Lauch
1 Stück Sellerie
Butterfett
1 Gurke
5 Schalotten
Fleischbrühe
Sahne

Der gut gehäutete und entfettete Schlegel wird mit kaltem Wasser und Suppengemüse gut zugedeckt 1 Stunde vom Augenblick des Kochens an schwach gekocht und herausgenommen.
Dann wird er in heißem Butterfett mit einer geschälten und in Würfel geschnittenen Gurke und Schalotten gelb angebraten, mit Fleischbrühe abgelöscht und unter fleißigem Begießen im Ofen weich gebraten.
Eine halbe Stunde vor Ende des Bratvorgangs gibt man Sahne zu der Sauce.

Das Kochwasser des Schlegels kann man mit Perlgerste zu einer wohlschmeckenden Suppe verwenden.

Hammelfleisch mit grünen Bohnen und Kartoffeln

500 g Hammelbrust
1 kg grüne Bohnen
1 kg Kartoffeln
1 EL Butterfett
1 Zwiebel
3 TL Salz
Pfeffer
2 Tassen heißes Wasser

Die Bohnen werden vorbereitet und zwei- bis dreimal durchgebrochen. Die Kartoffeln werden geschält und wie das Fleisch in Würfel geschnitten.
In einer Kasserolle wird die grob gewürfelte Zwiebel mit der Hälfte des Fleisches angebraten.
Dann werden schichtweise Bohnen, Kartoffeln und Fleisch darüber gegeben. Immer wieder mit Salz und Pfeffer würzen. Heißes Wasser darüber gießen und das gut zugedeckte Gericht 1½ bis 2 Stunden weich dämpfen lassen.

Tellergallert

4 bis 5 l badischer Weißwein
(Silvaner oder Riesling)
Schweinefüßle
Schweineschwänzle
Kinnbäckle
mageres Bauchfleisch
zusammen ca. 4 bis 5 kg

Garnitur:
1 gekochtes Ei
1 Essiggurke
1 Zwiebel
Petersilie

Das Gallertfleisch wird in kaltem Wasser gewaschen. Nachdem es abgetropft ist, in einen Topf mit kochendem Weißwein geben. Das Fleisch muß vom Wein ganz bedeckt sein. Es wird so lange gekocht, bis sich das Fleisch gut vom Knochen löst. Dann wird es mit dem Schaumlöffel herausgenommen und nach dem Abkühlen vom Knochen gelöst und klein geschnitten. Die zerkleinerte Fleischmasse wird mit Pfeffer und Salz gewürzt und in eine Kastenform gefüllt. Es wird noch etwas von der Weinbrühe darüber gegossen, dann wird die Form über Nacht kühl gestellt.
Die übrige Weinbrühe muß ebenfalls über Nacht abkühlen.

Am nächsten Tag wird das Fleisch aus der Kastenform gelöst, in Scheiben geschnitten und portionsweise auf Suppenteller gelegt. Außerdem kommen Eischeiben, Essiggurken-Streifen, Zwiebelringe, Petersilie als Verzierung zum Fleisch.

Auf dem über Nacht erkalteten Weinsud hat sich das Fett oben abgesetzt und kann nun entfernt werden. Die zu Gallert erstarrte Weinbrühe wird langsam erwärmt, so daß sie wieder flüssig wird. Dann wird sie mit einer Schöpfkelle (kein Silber!) über die vorbereiteten Teller gegeben. Diese werden an einen kühlen Ort gestellt, wo sie ohne Erschütterung bis zum Steifwerden der Gallert stehen können.

Fleisch

Schinken abzukochen

Den geräucherten Schinken in kaltes Wasser legen. Am anderen Morgen wird er abgespült und in kochendem Wasser mit der Schwarte nach oben aufs Feuer gestellt, so daß er ganz von Wasser bedeckt ist. Er muß rasch zum Kochen kommen, dann aber 3 ½ Stunden nur schwach ziehen und 1/2 Stunde in der Brühe nachweichen. Er ist weich, wenn die Schwarte sich ablösen läßt.

Sehr gut wird der Schinken, wenn er am Tag vor der Zubereitung morgens mit kochendem Wasser bedeckt auf den Herd gestellt wird, ohne ihn kochen zu lassen.
Am anderen Tag wird er in demselben Wasser gar gekocht.
Durch dieses Verfahren wird er überaus zart und behält auch von außen sein schönes Aussehen.

Schinken in Brotteig

Den Schinken über Nacht wässern, Schwarte und alles Schwarze abschneiden, abwaschen und abtrocknen.
Den Brotteig gut daumendick auswallen, den Schinken darauf legen und so einhüllen, daß beim Backen kein Saft entweichen kann. Den Schinken in Brotteig auf ein Blech legen und ihn im heißen Ofen ungefähr 3 Stunden backen. Wenn er leicht mit der Nadel zu durchstechen ist, läßt man ihn noch eine halbe Stunde im lauwarmen Ofen liegen. Beim Anrichten wird die Brotrinde entfernt. Man kann sie zu Suppen verwenden.

Schäufele

1 Schäufele
(2 kg für 4 bis 6 Personen)
Wasser
1 Zwiebel
1 Lorbeerblatt
2 Nelken

Das Wasser mit der mit Lorbeerblatt und Nelken besteckten Zwiebel zum Kochen bringen.
Das Schäufele hineingeben und eher ziehen als kochen lassen. Je nach Größe 1½ bis 3 Stunden.
Knochen herauslösen, Fleisch in Scheiben schneiden.

Wildgerichte

Wildgerichte

Rehbraten

1 Rehrücken oder Schlegel
Essig
Salz
Butterfett
1 Zwiebel
50 g geräucherter Speck
in Würfel
ca. 1/2 l Fleischbrühe
1 ½ EL Zucker
nach Geschmack Sahne

Ein Rehziemer (Rehrücken) oder Schlegel wird über Nacht in ein mit Essig getränktes Tuch eingeschlagen. (Rehschlegel kann man auch 1 bis 2 Tage in Buttermilch einlegen).
Dann wird er gehäutet, gespickt und gesalzen und in heißem Fett mit Zwiebel und Speckwürfeln braun angebraten. Mit Fleischbrühe oder Wasser ablöschen.

Je nach Größe 1 ½ bis 2 Stunden (Schlegel) bzw. 1 Stunde (Ziemer) dämpfen.
Wenn der Braten fast fertig ist, wird die Sauce abgefettet.

1 ½ EL karamellisierter Zucker wird mit etwas Sahne verrührt und der Braten damit begossen.

Rehkoteletten, gespickt

4 Rehkoteletten
Butterfett zum Braten
feine Speckstreifen

Die Koteletten werden zurecht geschnitten und ein wenig geklopft, auf der einen Seite mit feinen Speckstreifen gespickt und gesalzen.
Im heißen Butterfett werden sie geschwenkt bis sie braun und gar sind.

Sie werden mit einem Champignon- oder Trüffelragout oder einem zarten Gemüse wie Artischocken, Spargelspitzen usw. serviert.

Hasenbraten (Ziemer)

1 Hasenrücken
Butterfett
1 Zwiebel
50 g geräucherter Speck
in Würfel
ca. ½ l Fleischbrühe
1½ EL Zucker
nach Geschmack Sahne

Der Hasenrücken wird gehäutet, gespickt und mit Salz bestreut.

Im übrigen wird er wie der Rehbraten zubereitet.
Er braucht zum Dämpfen etwa 1 bis 1¼ Stunden.

Hasenpfeffer und Rehragout

1 kg Fleischstücke
von Hase oder Reh

Beize:
1/4 l milder Essig
1 Zwiebel
1 Lorbeerblatt
2 Nelken
5 schwarze Pfefferkörner
1 EL zerdrückte Wacholderbeeren
1 Zitronenscheibe

zum Anbraten:
Butterfett
50 g geräucherter Speck
in Würfel
1 Zwiebel
2 EL Mehl
1 Glas Rotwein

Es werden weniger wertvolle Fleischstücke, von Hals, Brust, Bauchlappen etc. verwendet.
Das Fleisch wird in Ragoutstücke geschnitten und für 2 bis 3 Tage in eine Essigbeize wie Sauerbraten eingelegt.

Das Fleisch wird herausgenommen, mit einem Küchentuch trocken getupft und im heißen Butterfett zusammen mit den Speckwürfeln und der Zwiebel angebraten.

Wenn das Fleisch schön braun ist, wird es aus dem Fett genommen, ebenso die Speckwürfel und die Zwiebel.
In dem Butterfett wird das Mehl braun geröstet und mit der Beize abgelöscht. Eventuell mit Fleischbrühe ergänzen.
Das Fleisch, Zwiebel und Speck in die Sauce geben und darin garen.
Das Rehragout wird mit einem Glas Rotwein verfeinert.

Wildente

1 Wildente

Füllung:
2 trockene Brötchen
Milch zum Einweichen
2 Eier
50 g Speck
2 bis 3 Sardellen
Zitronenschale
1 Zwiebel
1 Bund Petersilie

zum Braten:
50 g Butter
1 Zwiebel
1 Brotrinde
1/4 l Fleischbrühe
1 Glas Wein oder Sahne

Die trockenen Brötchen werden in Würfel geschnitten, mit warmer Milch übergossen und wenn sie sich vollgesaugt haben, gut ausgedrückt.
Die Eier werden dazugerührt.

Die klein geschnittene Leber, desgleichen das Herz und der Magen, ein Stückchen Speck und die Sardellen, Zitronenschale, Zwiebel und Petersilie fein hacken und zu den Brötchen geben.
Mit dieser Mischung die Ente füllen, zunähen und in Butter mit Zwiebeln schön gelb anbraten.
Etwas Fleischbrühe und Brotrinde beifügen und zum Garen in den Ofen stellen.

In die Sauce wird ¼ Stunde vor dem Anrichten etwas herber Wein oder Sahne gegeben.

Fasan

1 Fasan
Speckscheiben
Butterfett
Fleischbrühe

Der ausgenommene Fasan wird mit Speckscheiben umbunden und in heißem Butterfett unter fleißigem Begießen möglichst rasch gebraten, wozu ½ bis 1 Stunde erforderlich ist. Die Sauce wird entfettet, mit Fleischbrühe aufgekocht und über den Fasan geseiht.

In der damaligen Zeit wurde der Fasan, der als der größte Leckerbissen unter dem Wildgeflügel galt, nach dem Schießen 6 bis 8 Tage in Zugluft ungerupft aufgehängt. Sobald er einen leichten Geruch ausströmte, hatte er - so war man überzeugt - den Höhepunkt an Wohlgeschmack erreicht.
Er wurde dann vorsichtig gerupft, abgesengt, ausgenommen und mit einem Tuch abgerieben. Waschen durfte man ihn nicht.

Rebhuhn

Die Zubereitung der Rebhühner erfolgt wie beim Fasan.
Die Bratzeit beträgt 15 bis 20 Minuten.

Rebhühner-Ragout

4 Rebhühner
125 g Kalbfleisch
70 g magerer Schinken in Würfel
1 Zwiebel
1 Gelbe Rübe
1 Stück Sellerie
1 Petersilienwurzel
4 Pfefferkörner
1 Lorbeerblatt
90 g Butter
2 EL Mehl
Fleischbrühe
Kräuterbündel
1 Zitrone
1 Glas Weißwein
Sardellenbutter

Die Rebhühner braten und beiseite stellen.
Das Kalbfleisch und den mageren Schinken in Würfel schneiden und in der Butter zusammen mit dem zerkleinerten Gemüse sowie dem Lorbeerblatt und den Pfefferkörnern unter öfterem Umrühren anbraten bis alles eine schöne braune Farbe angenommen hat.
Das Mehl darunter rühren. Sobald das Mehl Farbe annimmt, mit Fleischbrühe auffüllen und mit einem Kräuterbündel und etwas Zitronenschale zu einer dicklichen Sauce verkochen.
Die Sauce wird durch ein Haarsieb gestrichen und mit dem entfetteten Bratensaft der Rebhühner vermischt.
Mit etwas Sardellenbutter, Zitronensaft und Weißwein abschmecken.

In die sehr heiße, aber nicht mehr zum Kochen gebrachte Sauce die zerteilten Rebhühner legen. In einem Reisrand das Ragout anrichten.

Schnepfen

4 Schnepfen
Salz
Speckscheiben
1 Zwiebel
Butterfett

Die sorgfältig gerupften Schnepfen werden zum Braten so vorbereitet, daß die Flügel auf dem Rücken gekreuzt werden und der Schnabel durch die ebenfalls gekreuzten Schenkel gesteckt wird.

Sie werden innen gesalzen, mit Speckscheiben umbunden, mit Butter und Zwiebeln in eine Kasserolle gegeben und im Backofen weich und saftig gebraten.

Die Eingeweide werden nach Beseitigung des Magens fein gehackt, mit etwas Weckmehl, schaumig gerührter Butter, Salz und 1 Eiweiß gut vermengt und dick auf dünne geröstete Weckschnitten gestrichen.

Diese werden in einer flachen Pfanne mit ein wenig Butter im Ofen schnell gebacken.

Diese Schnitten "Schnepfdreck" genannt, werden im Kranz um die angerichteten Schnepfen gelegt.

Beilagen
Gemüse · Salate

Beilagen/Gemüse/Salate

Kartoffel-Nudeln

10 mittelgroße gekochte Kartoffeln
75 g Butter
3 Eier
1 Hand voll Mehl
2 EL Zucker
1 Prise Salz
50 g Butter
1/8 l Milch
etwas Zucker

Wenn die gekochten Kartoffeln abgekühlt sind, werden sie entweder auf einem Reibeisen gerieben oder durch den Fleischwolf gedreht.
Dann wird die Butter recht schaumig gerührt, die Eier, das Mehl, der Zucker und die Kartoffeln nebst 1 Prise Salz dazugegeben und gut zu einem Teig verarbeitet, aus welchem man fingerlange, dicke Nudeln macht.
Eine halbe Stunde ehe sie auf den Tisch kommen sollen, werden 1 Stück Butter und die Milch in eine flache Kasserolle gegeben und wenn die Milch kocht, werden die Nudeln hineingelegt. Sie werden mit Zucker bestreut und dann öfters mit der Bratschaufel gedreht, damit sie auf allen Seiten gelb gebacken werden.
Manche Hausfrauen decken die Kasserolle anfangs zu. Man kann auch vorsichtig etwas Milch nachgießen.
Sie werden mit einem Kompott serviert.

Kartoffeln nach Arti (Munsingen)

Wenn die Kartoffeln gesotten und in Rädchen geschnitten sind, wird Butter und fein gehackte Zwiebeln in eine Kasserolle getan. Sobald die Zwiebeln glasig sind, kommen die Kartoffelrädchen dazu, werden gesalzen und gedünstet. Vor dem Anrichten noch etwas Sauerrahm darüber geben.

Strüble oder Spritzküchle

500 g Mehl
2 TL Salz
50 g Zucker
5 Eier
1/4 l warme Milch
100 g zerlassene Butter

Zum Ausbacken:
2 l Sonnenblumenöl

Aus den Zutaten einen zähflüssigen Teig bereiten.
Das Sonnenblumenöl in einem Topf erhitzen.

Einen Strüble-Löffel mit Teig füllen und diesen schneckenförmig von innen nach außen ins heiße Fett laufen lassen. Auf beiden Seiten backen.

Falls man keinen Strüble-Löffel hat, kann man einen Trichter verwenden.

Nudeln

300 g Mehl
3 Eier
3 TL Olivenöl
Salz

Das Mehl auf einer flachen Unterlage aufhäufen, eine Mulde eindrücken. Die Zutaten hineingeben und mit einem Backhorn von innen nach außen mit dem Mehl vermischen (darauf achten, daß die Mulde erhalten bleibt, bis eine zusammenhängende Teigmasse entsteht).
Mit den Händen etwa 10 bis 15 Minuten kneten bis der Teig glatt ist. Sollte er zu fest sein, vorsichtig etwas Wasser oder Öl zugeben; ist er zu weich, etwas Mehl unterkneten.
Den Teig zu einer Kugel formen. Eine angewärmte Schüssel darüber stülpen und den Teig 1/2 bis 1 Stunde ruhen lassen.

Den Teig in 2 bis 3 Portionen teilen und jeweils 1 Portion ausrollen. Die anderen Portionen bleiben so lange zugedeckt liegen. Damit der Teig nicht klebt, die Arbeitsfläche und das Nudelholz etwas einmehlen. Von der Mitte zum Rand hin den Teig dünn (ca. 2 bis 3 mm) auswallen und zum Trocknen über einen Besenstiel, der z.B. über zwei Stühlen liegt, hängen.

Nach ca. 20 Minuten die bemehlte Teigplatte von beiden Seiten zur Mitte hin aufrollen und mit einem scharfen Messer Bänder in der gewünschten Breite abschneiden. Die abgeschnittenen Teigbänder mit einem Griff erfassen und zum Trocknen für ein paar Minuten auf ein ausgebreitetes Küchentuch auseinanderschütteln.

Die Nudeln in reichlich kochendem Salzwasser,
dem 1 EL Öl beigegeben wurde, in 3 bis 5 Minuten kochen.

Beilagen/Gemüse/Salate

Blattspinat

1 kg Spinat, frisch geerntet
1 EL Butter
1 Zwiebel
Salz
Pfeffer
Muskatnuß
1/8 l Sahne

Der sorgfältig verlesene Spinat wird gründlich gewaschen und tropfnaß mit ein wenig Wasser in einen Topf gegeben, wo er zugedeckt dämpfen muß bis die Blätter zusammenfallen. Abtropfen lassen.

Inzwischen wird die klein geschnittene Zwiebel in Butter gedünstet. Der Spinat wird hinzugefügt.
Mit Salz, Pfeffer und Muskatnuß würzen und zugedeckt 5 Minuten dünsten lassen. Mit Sahne verfeinern.

Kohlrabi

6 bis 8 Kohlrabi
Salzwasser
30 g Butterfett
20 g Mehl
1/2 Zwiebel
1/4 l Gemüsesud
Salz
3 EL Sahne
Muskatnuß
Petersilie

Die Kohlrabi schälen und die holzigen Teile entfernen. Die zarten grünen Herzblätter vom Stiel streifen und fein hacken. Die Kohlrabi ganz in Salzwasser kochen, dann in Scheiben schneiden.

Das Mehl in der heißen Butter angehen lassen, mit Gemüsesud aufgießen. Die zerkleinerten Herzblätter zugeben und 5 bis 10 Minuten kochen lassen. Die Kohlrabi-Scheiben in die Sauce geben und einmal aufkochen lassen. Mit Sahne, Muskatnuß und Petersilie abschmecken.

Gelbe Rüben

1 kg Gelbe Rüben
30 g Butterfett
1/2 Zwiebel
1/2 l Fleischbrühe
Salz
Muskatnuß
1 EL Mehl
1 TL Zucker
eventuell frische Butter

Die Gelbe Rüben waschen, schälen und in feine Rädchen schneiden. Die fein geschnittene Zwiebel in Butterfett angehen lassen, die Gelbe Rüben dazu geben, gut andünsten lassen und mit Fleischbrühe ablöschen.
Mit Salz, Muskatnuß würzen und einkochen lassen.
Kurz vor Ende der Garzeit nach Belieben mit etwas Mehl bestäuben und nochmals aufkochen lassen.

Vor dem Servieren mit Zucker oder frischer Butter verfeinern.

Grüne Erbsen

1 kg Grüne Erbsen
30 g Butterfett
1/2 Zwiebel
1/2 l Fleischbrühe
Salz
Pfeffer
1 TL Zucker
1 EL Mehl
frische Butter
Petersilie

Die frischen Erbsen werden aus den Hülsen gelöst, verlesen und gewaschen. Die fein geschnittene Zwiebel in Butterfett angehen lassen, die Erbsen dazu geben, gut vermischen und mit Fleischbrühe auffüllen.
Mit Salz, Zucker und Pfeffer würzen und weichdämpfen. Kurz vor Ende der Garzeit nach Belieben etwas Mehl darüber stäuben und nochmals aufkochen lassen.

Vor dem Servieren mit frischer Butter und fein geschnittener Petersilie verfeinern.

Sauerkraut

750 g Sauerkraut
30 bis 50 g Butterfett oder Speck
1 Zwiebel
1/4 bis 1/2 l Fleischbrühe
1 Kartoffel
Salz
Pfeffer
1 Glas Weißwein
evtl. 1-2 Boskop-Äpfel

Die fein geschnittene Zwiebel mit dem klein gewürfelten Speck im Fett glasig dämpfen. Das frische, mit der Gabel gelockerte Sauerkraut dazu geben, andünsten, mit Fleischbrühe aufgießen und im geschlossenen Topf bei mäßigem Feuer gardünsten. Je nach Qualität des Sauerkrauts 30 bis 60 Minuten.
Nach der Hälfte der Garzeit wird die Kartoffel hinein gerieben und gut untergemischt. Zum Schluß mit Salz und Pfeffer abschmecken und mit Weißwein verbessern. Nach Geschmack ein oder zwei fein geschnittene (nicht süße) Äpfel mitdünsten, die zerfallen sollten.

Grünkohl

2 kg frischer Grünkohl
80 g Butterfett
1 große Gemüsezwiebel
300 g geräucherter Bauchspeck
3/4 l Fleischbrühe
1 EL Zucker
Salz
Pfeffer
Muskatnuß

Speck und Zwiebel würfeln und im Butterfett in einem großen Topf erhitzen. Den geputzten Grünkohl dazu geben und unter Rühren 3 Minuten anschwitzen lassen. Mit Fleischbrühe ablöschen und mit Zucker verfeinern. Unter öfterem Rühren 1 Stunde dünsten.

Zum Schluß mit Salz und Pfeffer und Muskatnuß abschmecken.

Dazu werden Bratwürste serviert.

Rotkraut

1 kg Rotkraut
(1 mittlerer Kopf)
250 g Boskop-Äpfel
4 EL Weinessig
1/4 l badischer Rotwein
1/2 l Wasser
1 Zwiebel
1 Lorbeerblatt
3 Nelken
2 TL Zucker
1 TL Salz
Pfeffer aus der Mühle

Das Rotkraut von den äußeren Blättern befreien, in Viertel schneiden, den Strunk entfernen.

Mit dem Messer fein schneiden und mit den geschälten, entkernten und grob zerkleinerten Äpfeln und der fein gehackten Zwiebel in einen Topf geben.

Essig, Wein und Wasser darüber gießen, Salz, Pfeffer, Lorbeerblatt und Nelken dazu geben, umrühren und aufkochen. Unter mehrmaligem Umrühren bei mittlerer Hitze 1 Stunde köcheln lassen. Topf nicht ganz schließen, wegen der Farbe.

Nach 1 Stunde ist die Flüssigkeit weitgehend verdampft, das Rotkraut gar.

Mit Zucker, Pfeffer und Salz abschmecken.

Spargel

2 kg badischer Spargel
1 ½ l Wasser
1 EL Butter
1/2 TL Zucker
Salz

Spargel in kaltem Wasser waschen, abtropfen lassen, schälen und zwar vom Kopf zum Stielende hin.

Das Stielende, wenn es holzig ist, großzügig abschneiden. Nach dem Schälen die Spargelstangen portionsweise mit Faden zusammenbinden.

Das Wasser mit Butter, Zucker und Salz zum Kochen bringen und den Spargel darin in ca. 8 Minuten bißfest kochen.

Herausnehmen und sofort auf vorgewärmten Tellern servieren.

Dazu holländische Sauce und Strüble servieren.

Kopfsalat

Der Salat sollte frisch aus dem Garten kommen und recht zart sein. Bei längerem Liegen werden die Rippen hart und zäh. Die äußeren Blätter werden entfernt, die inneren zuerst gründlich gewaschen und dann gut abtropfen lassen.
Man macht den Salat an nach dem Grundsatz, daß ein Verschwender das Öl, ein Geiziger den Essig, ein Weiser Salz und Pfeffer dazu geben soll.
Man rechnet pro Person ½ EL Öl, nicht ganz halb so viel Essig und sehr wenig Salz und Pfeffer. Fein gewiegter Boretsch und Estragon geben dem Salat eine feine Note.

Endiviensalat

Die inneren Blätter werden gut gewaschen und abgetropft. Dann werden sie fein geschnitten und wie Kopfsalat angemacht. Bei längerer Berührung mit Wasser kommt bei der Endivie ein Bitterstoff zur Entwicklung, der den Genuß sehr beeinträchtigen kann.

Lattich

wird wie Kopfsalat angemacht.

Kresse

wird wie Kopfsalat angemacht. Das Anmachen sollte aber erst bei Tisch erfolgen, weil sie sehr rasch zerfällt.

Gurkensalat

Von der Gurke schneidet man die bittere Spitze ab, man muß aber dann das Messer reinigen, wenn es von den Bitterstoffen angenommen hat. Dann schält man sie dem Stielansatz zu und schneidet oder hobelt sie in Scheiben. Sie sollten einige Zeit vor dem Anmachen gesalzen werden, so daß sie Saft entwickeln. Dieser Saft soll ausgepreßt und weggeschüttet werden, er beeinträchtigt den Wohlgeschmack und verursacht Blähungen.
Für die Salatsauce wird Salz, Essig, Öl verwendet.
Als Würze kann auch 1 TL Senf und eine Messerspitze fein geschnittener Dill verwendet werden. Essig und Öl kann auch durch Sauerrahm ersetzt werden.

Rote Bete-Salat (Rahnensalat)

Die Rahnen werden gewaschen und ohne die Wurzeln abzuschneiden in Salzwasser weichgekocht. Nach dem Schälen werden sie in Scheiben geschnitten und mit Salz, Zucker, Essig, Koriander, Zwiebeln, Pfeffer, Lorbeerblatt, eventuell auch Kümmel angemacht.
Der Salat sollte gut durchziehen.

Saucen

Saucen

Remouladensauce

3 hart gekochte Eier
4 EL Olivenöl
1 EL Senf
3 EL Essig
1/2 EL fein gehackte Kapern
1 kleine gehackte Schalotte
Pfeffer
Salz

Die durch ein Haarsieb gestrichenen hartgekochten Eigelbe werden mit dem Olivenöl, dem Senf, dem Essig, den Kapern und der Schalotte vermischt und mit Pfeffer und Salz abgeschmeckt.

Sauce au petit maître

1 Glas Weißwein
1/4 l kräftige Fleischbrühe
1/2 in Scheiben geschnittene Zitrone
1 Stück Weißbrotrinde, klein geschnitten
2 TL Olivenöl
2 bis 3 kleine Zwiebelchen
1 Bündelchen Petersilie
einige Estragonblättchen
1 Knoblauchzehe
2 Nelken
Salz
Pfeffer

Alle Zutaten in einen Topf geben und ¼ Stunde auf kleinem Feuer köcheln lassen. Die Sauce entfetten, durch ein Haarsieb streichen.

Zu Wild oder Geflügel servieren.

Béchamelsauce

200 g magerer Schinken,
in Würfel geschnitten
500 g Kalbfleisch,
in Würfel geschnitten
5 Schalotten, fein gehackt
2 Petersilienwurzeln,
in Scheiben geschnitten
weiße Pfefferkörner
3 Lorbeerblätter
125 g Butter
70 g Mehl
1 l Sahne
Macis (Muskatblüte)

Den Schinken und das Kalbfleisch mit den Schalotten, den Petersilienwurzeln, etwas weißem Pfeffer und den Lorbeerblättern in der Butter anbraten.
Das Mehl darüber stäuben, welches in der Butter nur hellgelb werden darf. Mit kochender Sahne ablöschen, die man nach und nach zugießt.
Nach einer guten halben Stunde Kochen wird der Jus durch ein Haarsieb gestrichen und aufbewahrt, um ihn für Béchamelsaucen zu verwenden.

Man nimmt dann die jeweils erforderliche Menge davon, bringt sie zum Kochen, würzt mit etwas Macis und weißem Pfeffer und legiert mit einigen Eigelben.
Die Béchamelsauce kann mit klein geschnittener Kalbsmilch (Bries), gebratenem Hühnerfleisch oder gedünsteten Champignons zu einem dicklichen Ragout vermischt werden.

Vorschlag: Das Ragout in Muschelschalen füllen, mit Parmesankäse bestreuen, mit Krebsbutter beträufeln und eine kleine Weile im Ofen überbacken.

Béarnaisesauce

6 bis 8 Schalotten
einige Löffel Essig
6 Eier
150 g Butter
Salz
Pfeffer
geriebene Muskatnuß
2 Tassen Fleischbrühe
1 Zitrone

Die Schalotten werden fein gehackt und mit einigen Löffeln Essig ½ Stunde geköchelt.
Dann wird die so entstandene Brühe durch ein Haarsieb geseiht.
Bei mäßiger Hitze werden in einem Topf, am besten im Wasserbad, 6 Eigelb mit Butter, Salz, Pfeffer und geriebener Muskatnuß gut vermischt.
Vorsichtig die Fleischbrühe dazugeben, die Schalottenessenz und einige Tropfen Zitronensaft.

Die Sauce wird zu allen Arten Fisch, Beefsteaks oder auch zu halbgaren Eiern gegeben.

Tomaten- oder Liebesäpfelsauce

12 reife Tomaten
1 Tasse starke Fleischbrühe
1 Msp Cayennepfeffer
1/2 TL Salz
ein wenig brauner Coulis
(flüssiges salziges Püree
aus Gemüse)

Die reifen Tomaten werden halbiert, die wässrigen Teile und Samen daraus entfernt, die Früchte mit starker Fleischbrühe und Cayennepfeffer weich gedämpft.
Dann wird die Sauce durch ein Haarsieb gestrichen, mit Salz und Coulis gewürzt und noch einmal kurze Zeit durchgekocht.

Holländische Buttersauce
zu Fischen, Blumenkohl oder Spargel

200 g Butter
1 EL Mehl
6 Eigelb
Saft 1 Zitrone
1 Msp Pfeffer
1/2 l Fischbrühe oder
Gemüsebrühe (Sud des
Fisches oder Gemüses)

Die Butter schaumig rühren, das Mehl beifügen und nach und nach die Eigelb, der Zitronensaft, den Pfeffer und unter ständigem Rühren die Fisch- oder Gemüsebrühe.

In einem Wasserbad die Sauce mit dem Schneebesen schlagen bis sie dick und schaumig ist.

Sofort servieren.

Meerrettichsauce

1/2 Stange Meerrettich
50 g Butter
50 g Mehl
1/4 l Milch
1/4 l Fleischbrühe
1 Prise Zucker
1 Prise Salz

Den Meerrettich reiben, dabei darauf achten, daß die Meerrettichstange genau senkrecht zur Reibe gehalten wird, sonst wird der geriebene Meerrettich fasrig. Wird der Meerrettich nicht sofort verwendet, so sollte man ihn mit Mehl bestäuben oder mit Milch bedecken, damit er nicht durch die Luft oxidiert und schwarz wird.

Die Butter schmelzen, den Meerrettich dazu geben und ihn 5 bis 8 Minuten durchdünsten. Dann das Mehl darüber stäuben und weiter dünsten. Nach 5 Minuten mit Milch und Fleischbrühe ablöschen. Mit Salz und Zucker abschmecken. Je nach Schärfe in gut verschlossenem Topf weiter köcheln lassen.

Saucen

Sardellencreme (Fülle für kleine Butterteigpastetchen)

1 bis 2 EL Mehl
1 EL Butter
einige Löffel Sahne
1 bis 2 Schalotten
Saft 1 Zitrone
2 EL gestoßener Zwieback
5 bis 6 Sardellen
2 bis 3 Eigelb

In der heißen Butter Mehl anschwitzen, Sahne beifügen sowie die fein gehackten Schalotten.
Den Saft 1 Zitrone und den gestoßenen Zwieback dazu geben und alles gut durchkochen.
Zum Schluß die fein gehackten Sardellen und die Eigelbe hineingeben.

Feiner Senf

250 g weißes Senfmehl
125 g schwarzes Senfmehl
250 g Zucker
7 g Zimtpulver
5 g Nelkenpulver
5 g Korianderpulver
Weinessig

Alle Zutaten miteinander vermischen, wobei sich die Menge des Weinessigs danach richtet, welche Konsistenz die Senfcreme haben soll.

Die Mischung sollte in einem Steingutgefäß 1 bis 2 Tage offen an einem warmen Ort aufgestellt werden.

Danach in ein gut verschließbares Glas abfüllen.

Weiteres Senfrezept

375 g weißes Senfmehl
1/2 l Weinessig
200 g Kandiszucker
30 g Salz
2 g Pimentpulver
2 g Zimtpulver
2 g Nelkenpulver
1 g Muskatblüte (Macis)
1 g Ingwerpulver
Die beiden Senfmehle werden

mit etwas kochendem Wasser zu einem dicken Brei angerührt, den man aufquellen und auskühlen läßt. Den Weinessig mit dem Kandiszucker und dem Salz aufkochen und nach dem Erkalten unter ständigem Rühren unter den aufgequollenen Senf mischen. Zum Schluß werden die Gewürze untergerührt.

Der Senf wird in gut verschließbaren Gläsern aufbewahrt.

Sardellenbutter

125 g gut gewaschene und von den Gräten befreite Sardellen
250 g Butter

Die beiden Zutaten werden miteinander in einem Mörser sehr gut vermischt, so daß eine homogene Masse entsteht.

Nach Geschmack können auch einige hartgekochte Eigelb und/oder Kräuter darunter gemischt werden.

Krebsbutter

25 bis 30 Krebse
Salz
250 g Butter

Die Krebse werden gut gewaschen und im Salzwasser rot gekocht.
Das Fleisch wird aus den Schalen gelöst und anderweitig verwendet.
Die Schalen und Scheren werden im Mörser fein gestoßen, mit Butter vermengt und auf mäßigem Feuer ½ Stunde "durchgeschwitzt", wobei öfters mit einem Löffel umgerührt und ein wenig Wasser beigefügt wird.
Die Butter durch ein Tuch in ein Gefäß mit kaltem Wasser gießen, wo sie sofort erstarrt. Die Butter eine Weile in dem kalten Wasser liegen lassen, dann herausnehmen.

Die Krebsbutter dient als Würze und Verzierung bei Suppen, Saucen, Fleischspeisen, Ragouts usw.

Haushofmeisterbutter

125 g Butter
1 Msp Salz
1 Msp schwarzer Pfeffer
1 Msp Cayennepfeffer
2 TL fein gehackte Petersilie
Saft 1 Zitrone

Alle Zutaten werden sehr gut vermischt, dann durch ein Sieb getrieben und zu gebratenem Fleisch oder Fisch gegeben.

Desserts

Kabinettspudding

Dampfnudeln

1 kg Mehl
50 g Hefe
3/4 l Milch
120 g Zucker
1 TL Salz
2 Eier
150 g Butter

In einer Schüssel wird etwas Mehl erwärmt. Dann löst man die Hefe in ½ l lauwarmer Milch auf und macht mit dem Mehl einen Vorteig, den man mit einem Tuch zugedeckt, am besten über Nacht, an einem warmen Ort gehen läßt.

Der gegangene Vorteig wird unter das übrige Mehl gemischt, Zucker, Salz, Eier, der Rest Milch und zuletzt die geschmolzene Butter dazugegeben. Der Teig wird solange geknetet bis er Blasen wirft. Er sollte fester als ein Gugelhupf-Teig sein.
Der Teig wird zugedeckt für 1-2 Stunden an einen warmen Ort gestellt.

Dann nimmt man ihn auf ein mit Mehl bestreutes Backbrett, knetet ihn nochmal durch und formt etwa eigroße Laible, die auf dem Backbrett noch einmal gehen müssen. Wenn sie gegangen sind, so gibt man in eine flache Kasserolle, die sich gut verschließen läßt, etwas Milch, Butter und Zucker. Sobald die Milch kocht setzt man die Nudeln mit Abstand hinein, so dass sie nicht aneinanderstoßen, auch darf die Milch die Nudeln nicht völlig bedecken. Jetzt deckt man die Kasserolle gut zu, damit der Dampf nicht entweichen kann. Der Deckel darf während des Backvorgangs unter keinen Umständen geöffnet werden, sonst fallen die Dampfnudeln zusammen. Wenn die Milch eingekocht ist, fangen die Dampfnudeln an zu prasseln und gleichzeitig riecht es nach frisch gebackenem Brot. Jetzt sind die Dampfnudeln fertig und können aufgetragen werden.
Sie müssen noch etwas feucht sein und unten eine goldbraune Kruste haben.

Man gibt eine gute Milchsauce dazu.

Milchsauce

1 EL Kartoffelmehl wird mit etwas Milch und 2 Eigelb angerührt.
Dazu kommen 3 EL Zucker, ein Stückchen Zimt und 1/2 l Milch.
Das Ganze wird auf dem Feuer mit dem Schneebesen geschlagen bis es zum Kochen kommt.

Wiener Krapfen

1 Pfund Mehl
1 Würfel Hefe
6 Eier
100 g Butter
1/4 l Milch
Zucker nach Geschmack
1 Prise Salz

Zunächst wird ein Vorteig gemacht mit Hefe, Mehl und etwas lauwarmer Milch. Wenn er an einem warmen Ort zur doppelten Menge aufgegangen ist, vermischt man 1 Pfund Mehl mit den Eiern, der geschmolzenen Butter, der Milch, dem Vorteig, etwas Zucker und Salz.
Der Teig wird solange geknetet bis er Blasen wirft.
Mit einem Tuch zugedeckt muß er nun an einem warmen, zugfreien Ort gehen.

Dann wird er auf ein mit Mehl bestreutes Backbrett gebracht und fingerdick auseinandergezogen bzw. ausgewallt. Mit einem Trinkglas sticht man nun Plätzchen aus, bestreicht sie mit Eigelb, legt auf das eine ein nußgroßes Häufchen Marmelade, legt das andere darauf, drückt den Rand gut an und stellt die Krapfen nochmals in die Wärme zum Gehen.

Dann werden sie im schwimmenden Fett ausgebacken und zwar so, daß beim Einlegen die obere Seite nach unten kommt, dann wird die Pfanne einige Minuten zugedeckt, die Krapfen werden umgedreht und in der offenen Pfanne schön hellbraun zu Ende gebacken.

Sie werden warm mit Zucker und Zimt bestreut serviert.

Waffeln

1 Pfund Butter
12 Eier
12 EL Mehl
12 EL Milch

Die Butter wird schaumig gerührt, dann werden nach und nach 12 Eier und mit jedem Ei 1 EL Mehl und etwa 1 EL voll Milch dazugerührt. Der Teig soll ein wenig dicker als ein Omelett-Teig sein.

Man macht ein Waffeleisen heiß, gibt einen Schöpflöffel Teig hinein, streicht ihn auseinander, schließt die Form und backt die Waffeln auf beiden Seiten schön hellgelb. Sie müssen mit Zucker und Zimt bestreut gleich serviert werden. Während des Backens darf man die fertigen Waffeln nicht warm stellen, weil sie sonst zäh werden.

Kalter Kabinett-Pudding
auch Pudding à la Diplomate

3 Gläser Weißwein
12 Eigelbe
5 an einer Orange abgeriebene Würfelzucker
Saft von jeweils 1 Orange und 1 Zitrone
30 g Gelatine
(am besten Pulvergelatine)
1/2 l Sahne
100 g Löffelbiskuits
100 g Makronen (Kokos- oder Haselnußmakronen)
Maraschino oder Orangenlikör
60 g Sultaninen
60 g Zitronat

Wein, Eigelb, Würfelzucker, Orangen- und Zitronensaft werden auf dem Feuer zu einer steifen Masse geschlagen. Zum Abkühlen in eine Schüssel geben. Die in Wasser aufgelöste Gelatine gut mit der Masse vermischen. Die geschlagene Sahne darunter heben. Diese Masse bildet den sogenannten "Stand".

Auf einer Platte die Biskuits und die Makronen mit Maraschino oder Orangenlikör tränken.
Die Sultaninen mit etwas Wein und Zucker aufkochen und abkühlen lassen. Das Zitronat dazugeben.

Eine Glasschale oder andere Form mit einem Teil des Standes füllen. Darauf getränkte Biskuits und Makronen legen, die Sultaninen und das fein geschnittene Zitronat darüber streuen.
Dann wieder "Stand" darüber geben, wieder Biskuits etc. bis die Form gefüllt ist. Die Form wird kalt gestellt und vor dem Servieren gestürzt.

Zwieback-Pudding

5 Scheiben Zwieback
etwas lauwarme Milch
65 g Butter
65 g Zucker
8 Eier
1 Hand voll Rosinen
1 Hand voll gemahlene Mandeln
etwas geriebener Biskuit

Der Zwieback wird in lauwarmer Milch eingeweicht bis er ganz schwammig ist.
Die Butter wird recht schaumig gerührt und nacheinander werden der Zucker, die ausgedrückten Zwieback-Scheiben, die 8 Eigelb, die Rosinen, die gemahlenen Mandeln und schließlich der Schnee aus dem Eiweiß der 8 Eier dazugegeben.
Zum Schluß kommt etwas geriebener Biskuit in die Masse, die in einer Puddingform im Wasserbad 1 Stunde gekocht wird.

Omelette au Confiture

4 EL Zucker
1 Hand voll Mehl
4 Eier
Konfiture

Zucker mit Eigelb verrühren, das Mehl dazu geben und zum Schluß den Eischnee darunter heben.
In der Pfanne ein etwa fingerdickes Omelette backen, das dann mit Konfiture je nach Geschmack gefüllt wird.

Reispudding

¼ Pfund Rundkornreis
Milch zum Kochen (etwa die doppelte Volumenmenge vom Reis)
65 g Butter
4 EL Zucker
Saft 1 Zitrone
1 EL fein gemahlene Mandeln
8 Eier

Der Reis wird in Milch weich gekocht, dann wird er mit den übrigen Zutaten vermischt, wobei die zu steifem Schnee geschlagenen Eiweiß zuletzt untergehoben werden.
Der Pudding wird in einer ausgefetteten und mit Weckmehl ausgestreuten Form im Wasserbad 1 Stunde gekocht.

Apfelpudding

4 große Äpfel
2 EL Kartoffelmehl
1/4 Pfund Zucker
etwas Butter
6 Eier
4 EL geriebenes Milchbrot

Die Äpfel werden zu Brei verkocht, durch ein Sieb getrieben und erkalten lassen. Das Kartoffelmehl wird dazugerührt, der Zucker, ein wenig Butter und 6 Eigelb.
Das Eiweiß wird zu steifem Schnee geschlagen und untergehoben. Zum Schluß kommen noch die 4 EL voll geriebenes Milchbrot darunter.
Diese Masse kommt in eine gut ausgebutterte und mit Paniermehl bestreute Puddingform und wird im Wasserbad ca. 1 Stunde gekocht.

Serviert wird der Pudding mit einer Cremesauce oder einer Sauce aus Früchtesaft.

Mandelpudding

6 Eiweiß zu Schnee
geschlagen
1/4 Pfund Puderzucker
1/4 Pfund fein gemahlene
Mandeln

Sauce:
4 Eigelb
Vanillestange

Aus den Zutaten eine Masse herstellen.
Eine Puddingform mit gebranntem Zucker auslaufen lassen, die Puddingmasse in die Form füllen und im Wasserbad ca. 1 Stunde kochen.

Aus 4 Eigelb und Vanille eine feine Sauce herstellen.

Mandelpudding

10 Eier
1/2 Pfund Zucker
180 g gemahlene Mandeln
2 trockene Brötchen
(Kruste abgerieben,
eingeweicht u. ausgedrückt)
1 EL Mehl
Zwieback

Die Eigelb mit dem Zucker und den Mandeln gut verrühren. Das eingeweichte und ausgedrückte Weißbrot dazu geben.
Eiweiß zu Schnee schlagen und unterheben. Mehl darunter arbeiten.

Die Puddingmasse in eine gut ausgebutterte und mit zerstoßenem Zwieback ausgestreute Form geben.
Den Pudding 1 Stunde im Wasserbad kochen.

Brotpudding

125 g Butter
200 g geriebenes Schwarzbrot
1 Glas guter Rotwein
8 Eier
150 g Zucker
125 g geschälte und gemahlene
Mandeln
1 TL Zimtpulver
1 Zitrone

Die Butter schmelzen lassen, das geriebene Schwarzbrot hinzufügen und einige Zeit rühren, Rotwein dazu geben und den Topf vom Feuer nehmen.

Nach dem Auskühlen mit den 8 Eigelb, dem Zucker, den Mandeln, dem Zimt und der abgeriebenen Schale einer Zitrone vermischen und zuletzt die zu Schnee geschlagenen Eiweiß unterheben.

In eine Puddingform füllen. 2½ Stunden im Wasserbad kochen lassen.

Brotmehlspeise

1/2 l Sahne
200 g geriebenes Schwarzbrot
120 g Butter
6 Eier
80 g geriebene Schokolade
80 g Zucker
1 TL Zimtpulver
abgeriebene Schale 1 Zitrone

Die Sahne wird auf dem Feuer mit dem Schwarzbrot zu einem festen Brei verrührt, der nach dem Auskühlen mit der geschmolzenen Butter, den Eigelb, der geriebenen Schokolade, dem Zucker, dem Zimt und der abgeriebenen Schale einer Zitrone gut vermischt wird.
Zuletzt wird der Schnee der 6 Eiweiß untergezogen.
Die Masse kommt in eine mit Butter bestrichene Form und wird im Backofen bei 180° 1 Stunde gebacken.
Die Speise wird mit Chaudeau serviert.

Chaudeau
ist eine auf dem Feuer geschlagene Schaumsauce aus Weißwein, Zucker, Ei und beliebigem Beigeschmack (z.B. Vanille).

Maraschino-Sauce

2 EL Zucker
4 Eigelb
1 Tasse Milch
1 EL Maraschino-Likör

Die Mischung wird im Wasserbad mit dem Schneebesen gerührt bis sie heiß und dick ist.

Vanillecreme

10 Eier
1 EL feines Mehl
125 g Zucker
1/2 l Sahne
1 Stange Vanille

10 Eigelb mit Mehl und Zucker glatt rühren.
Nach und nach die Sahne dazu gießen, die man vorher mit einer klein geschnittenen Vanillestange aufgekocht und nach dem Erkalten durchgeseiht hat.
Die Mischung auf kleinem Feuer zu einer dicklichen Creme abrühren. Sobald sie zu steigen beginnt, Topf auf kleinstes Feuer setzen, damit sie nicht mehr kochen kann.

Obstgelee, eingemachte Früchte, kleine Löffelbiskuits nach Belieben als Garnitur verwenden.

Die 6 Eiweiß zu festem Schnee schlagen und unter die heiße Creme ziehen. In einer Schüssel oder auf einer Glasschale anrichten.

Soufflé au chocolat (6 Personen)

3 Tafeln Bitterschokolade
1/2 l Milch
2 EL Kartoffelmehl
4 Eier
etwas Butter

Die Schokolade wird in einer Tasse Milch auf dem Feuer geschmolzen.
2 EL Kartoffelmehl werden dazugerührt und der Rest der Milch dazugegossen. Nach dem Aufkochen wird die Masse kalt gestellt. Dabei entsteht eine dicke Creme, unter die 4 Eigelb gerührt werden.
Das zu festem Schnee geschlagene Eiweiß der 4 Eier wird vorsichtig untergehoben.
Die Masse wird in eine eingefettete Form gegeben und im Ofen aufgezogen (20 Minuten).

Omelette au confiture

6 Eier
30 g Zucker
50 g Mehl
Konfitüre nach Belieben

6 Eigelb werden mit dem Zucker und dem Mehl gut vermischt. Der Schnee aus den 6 Eiweiß wird vorsichtig darunter gehoben.
Mit diesem Teig werden nach einander in einer flachen Pfanne hellgelbe Omeletten gebacken.
Sie werden mit Konfitüre gefüllt, gerollt und mit Zucker und Zimt bestreut.

Omelette au Rhum

3 Eier
1 Msp Salz
1 TL Zucker
1 Stückchen frische Butter
1 EL Rum
1/2 Weinglas Rum

Die Eier mit einer Gabel schlagen, Salz, Zucker, die Butter und 1 EL Rum dazugeben
Die Omelette in einer Pfanne in frischer Butter backen und auf eine Platte anrichten.
Vor dem Servieren ½ Glas Rum um die heiße Omelette gießen und den Alkohol anzünden.

Flan Russe

4 Eiweiß
2 EL Zucker
2 EL Konfitüre

Die Eiweiß zu Schnee schlagen und Zucker und Konfitüre in den Schnee mischen.
In eine mit Butter bestrichene Form geben und im Ofen während 10 Minuten aufziehen.

Löffelbiskuit

8 Eier
250 g Zucker
die auf Zucker abgeriebene
Schale 1 Zitrone
200 g fein gesiebtes Mehl

Die Eier mit dem Zucker und der Zitronenschale verquirlen und über kleinem Feuer zu einer dickschaumigen Masse schlagen. Wenn diese warm ist, vom Feuer nehmen und weiterschlagen bis zur Auskühlung.
Das Mehl darunter mischen.
Den Teig in einen Trichter oder eine Spritze füllen und damit 10 cm lange Streifen auf ein mit Backpapier belegtes Blech spritzen.
Diese Löffelbiskuits werden oben und unten rund geformt, in der Mitte aber etwas dünner. Nachdem sie mit Puderzucker bestäubt sind, werden sie bei schwacher Hitze gelb gebacken. Vor dem Erkalten vom Papier ablösen und an einem trockenen Ort aufbewahren.
Backzeit 10 bis 15 Minuten.

Kleines Zuckerbrot

500 g Zucker
16 Eier
Schale 1 Zitrone
375 g Mehl

Zucker mit Eigelb recht dick schaumig rühren und die abgeriebene Schale der Zitrone dazugeben.
Den steifen Schnee der 16 Eiweiße und das Mehl darunter heben. Diesen Teig durch eine Spritze als runde oder längliche Brötchen auf Backpapier spritzen und langsam gelb gebacken.

Apfelauflauf

200 g Butter
8 Eier
10 bis 12 gute Äpfel
1 Glas Weißwein
250 g Zucker
1 Zitrone
2 geriebene Brötchen
Vanille

Die Äpfel schälen und mit einem Glas Weißwein und 125 g Zucker kochen und pürieren. Erkalten lassen.
Die Butter schaumig schlagen und unter ständigem Rühren die 8 Eigelb, das erkaltete Apfelmus, 125 g Zucker, die abgeriebene Schale 1 Zitrone, die geriebenen Brötchen und etwas Vanille darunter mischen.
Zum Schluß den Schnee der 8 Eiweiß darunter heben.

In eine mit Butter bestrichene Form füllen und 45 Minuten backen.

Charlotte Russe

Löffelbiskuits
1/2 Pfund Zucker
12 Eigelb
½ l Milch
Vanille
Gelatine
1/2 l Sahne

Die Form mit kaltem Wasser ausspülen und mit Biskuit auslegen.
Den Zucker mit den Eigelb schaumig rühren.
Unterdessen die Milch mit der Vanille kochen und unter ständigem Rühren zu der Ei-Zucker-Masse gießen.
Die Masse wird kalt gerührt und mit etwas Gelatine und der geschlagenen Sahne vermengt.
Diese Creme in die ausgelegte Form füllen und über Nacht auf Eis stellen.

Kirschencharlotte

2 l saure Kirschen
2 l süße Kirschen
Zucker nach Belieben
Zimtpulver
Zitronenschale
50 g Butter
Zwieback

Die Kirschen entsteinen und mit Zucker, Zimtpulver, Zitronenschale und Butter unter öfterem Schütteln weich kochen.
Zwieback in zerlassene Butter tauchen, danach in Zucker wenden und diese Scheiben nebeneinander in eine ausgebutterte Form legen, so daß der Boden und die Seiten damit ausgekleidet sind.
Die inzwischen ausgekühlten Kirschen lagenweise mit den gezuckerten Zwiebackscheiben in die Form füllen.
Zum Schluß eine Schicht Zwieback legen, die noch einmal mit Butter beträufelt und mit Zucker bestreut wird.
Die Charlotte im Ofen hellbraun backen.
Vor dem Servieren auf eine Platte stürzen.

Johannisbeercreme

1½ l von den Stielen abgepflückte Johannisbeeren
1 l Himbeeren
Gelatine (s. Mengenangabe auf der Verpackung)
270 g Zucker
3/4 l Sahne

Die Beeren durch ein Haarsieb streichen.
Den Saft mit der entsprechenden Menge der eingeweichten Gelatine und dem Zucker verrühren.
Die steifgeschlagene Sahne darunter heben und die Creme in einer Form auf Eis erstarren lassen.

Apfelcreme

15 süße Äpfel
250 g Zucker
7 Eier
1 Zitrone
1/2 l Weißwein
1 EL Rum
Makronen oder Biskuits zum Garnieren

Die Äpfel kochen und durch ein Sieb streichen.
Zucker mit Eigelb und der abgeriebenen Zitronenschale zu Schaum rühren. Den Weißwein beifügen und bei kleiner Hitze, unter ständigem Schlagen mit dem Schneebesen, bis zum Kochen erhitzen.
Den Apfelbrei darunter rühren und noch einmal bis zum Kochen bringen. Vom Feuer nehmen.
Die zu steifem Schnee geschlagenen Eiweiß darunter heben und den Rum beifügen.
Die Creme kalt werden lassen und mit Makronen oder Biskuits servieren.

Süßspeise nach Frau Bidlingmeier

125 g Butter (zimmerwarm)
4 EL Zucker
1 Eigelb
4 EL starker Kaffee
ca. 30 Löffelbiskuits

Die Butter schaumig rühren, Zucker und Eigelb beigeben.
Den abgekühlten Kaffee tropfenweise dazurühren.
Eine Schüssel mit dieser Masse ausstreichen.
Eine Lage Biskuits darüber geben, wieder Masse darüber streichen usw. bis die Creme aufgebraucht ist.
Zuoberst muß Creme sein. Kalt servieren.
Achtung! Nur ganz frisches Ei wegen der Salmonellengefahr verwenden.

Früchteschnee

5 bis 6 Eiweiß
70 g Zucker
4 EL Obstsaft oder Fruchtgelee: am besten Erdbeer, Himbeer, Kirsch oder Johannisbeer

Die Eiweiß zu steifem Schnee schlagen, Zucker und den Obstsaft bzw. das Fruchtgelee untermischen.
Den Schnee bergartig auf ein mit Backpapier belegtes Blech schichten, mit Puderzucker überstäuben und für 5 Minuten in den heißen Ofen (200 Grad) stellen.

Himbeerschaum von Frau Amtsrichter Schmidt

4 Eiweiß werden zu steifem Schnee geschlagen und mit 4 EL Zucker leicht verrührt.
4 EL eingemachte Himbeeren und etwas Himbeersaft werden dazu gegeben und die Masse 1/4 Stunde lang gerührt. Dann wird sie auf eine Platte gesetzt und kalt gestellt.
Auf einer gläsernen Kompott-Schale sieht es prächtig aus.

Himbeerschaum

Kuchen
Torten/Gebäck

Annemis Brottorte

Kuchen/Torten/Gebäck

Abgerührter Gugelhupf

1/4 Pfund Butter
1 Pfund Mehl
3 Eier
Salz
Zucker nach Geschmack
soviel Milch wie notwendig
1/2 Würfel Hefe

Aus einigen Eßlöffeln Mehl, lauwarmer Milch wird mit der Hefe ein Vorteig gemacht, den man an einem warmen Ort gehen läßt (bis er das doppelte Volumen hat).
Dann wird die Butter schaumig gerührt.
Das Mehl und der inzwischen gegangene Vorteig dazugeben sowie die Eier, Zucker und eine Prise Salz.
Unter Zugabe von lauwarmer Milch einen geschmeidigen Teig kneten und nochmals an einem warmen Ort ca. 1 Stunde gehen lassen.
In eine ausgebutterte Gugelhupf-Form geben, nochmals gehen lassen bis der Teig den oberen Rand der Form erreicht hat. Im vorgeheizten Backofen (200 Grad) ca. 50 Minuten backen.

Gugelhupf

2 Pfund Mehl
50 g Hefe
3/4 l Milch
100 g Zucker
1 TL Salz
2 Eier
150 g zerlassene Butter

Die Hefe in der lauwarmen Milch auflösen.
Aus Mehl, Milch, Butter, Salz, Zucker und Eiern einen Hefeteig zubereiten. Den Teig an einem warmen Ort zugedeckt ruhen lassen bis er sich verdoppelt hat.
Eine Gugelhupf-Form ausbuttern, den Teig einfüllen und nochmals aufgehen lassen bis er leicht über den Rand steigt.
Im auf 180 Grad vorgeheizten Backofen 45 Minuten backen.

Gugelhupf ohne Bierhefe

1/4 Pfund Butter
1/4 Pfund Zucker
7 Eier
1 Pfund Mehl
1/4 l Milch
20 g Weinstein
8 g Natron

Die Butter wird schaumig gerührt, der Zucker, das Mehl und die Eier kommen dazu sowie die Milch, Weinstein und Natron.
Rosa Wenk weist darauf hin, daß der Teig 2 mittlere Gugelhupfe ergibt, wobei die Formen nur halb voll zu sein brauchen.
Weinstein und Natron sind übrigens Bestandteile von Backpulver.

Hefekranz

1/2 Pfund Butter
100 g Zucker
7 Eier
1½ Pfund Mehl
1 Prise Salz
1/8 l Milch
50 g Hefe

Man rührt die Butter zusammen mit dem Zucker schaumig, gibt die Eier dazu, dann das Mehl, sowie die lauwarme Milch, in der die Hefe gelöst ist.
Eine halbe Stunde zu einem glatten Teig rühren.
Den Teig mit einem Tuch abdecken und an einem warmen Ort gehen lassen.
Wenn er das doppelte Volumen erreicht hat, wird er gut durchgeknetet und in 3 gleiche Teile geteilt.
Jeder Teil wird zu einem etwa 40 cm Strang ausgezogen, aus den drei Strängen wird dann ein Zopf geflochten, der auf einem Kuchenblech zu einem Kranz geformt wird.
In die Mitte wird umgekehrt eine Kaffeetasse gestellt, damit der Teig nicht zusammenläuft.

Dann wird er mit Eiweiß bestrichen, mit Zucker, Zimt und gestoßenen Mandeln bestreut.
Den Kranz im vorgeheizten Backofen (150 Grad) ca. 1 Stunde backen.

Streuselkuchen

1 Hefeteig wie für Gugelhupf

150 g Mehl
125 g Zucker
1 Msp Zimt
150 g Butter

Einen Hefeteig wie für einen Gugelhupf machen.
Wenn er gegangen ist, zieht man ihn auseinander, bringt ihn in eine niedere Kuchenform und läßt ihn noch einmal gehen.

Inzwischen werden die Streusel zubereitet.
Mehl, Zucker und Zimt werden gut miteinander vermischt. 125 g Butter in Stücklein darauf geschnitten und das Ganze mit beiden Händen gerieben bis kleine Klümpchen entstanden sind, die man mit 2 Gabeln weiter verarbeitet.

Der gegangene Hefeteig wird mit der restlichen geschmolzenen Butter bestrichen und mit der Streuselmasse belegt. In heißem Ofen backen.

"Bierewecke" (Hutzelbrot)

für 5 kleine Laibe:
750 g getrocknete Birnenschnitze
500 g getrocknete Zwetschgen
300 g Zucker
1½ kg Roggenmehl
20 g Hefe
1/4 l Wasser
1 EL Zucker
1 EL Salz
125 g Korinthen
125 g Sultaninen
250 g Walnußkerne
40 g Zitronat
40 g Orangeat
1½ TL Zimt
1 TL Nelkenpulver
1/8 l Kirschwasser

Am Vortag die Birnenschnitze und die Zwetschgen waschen und in 1½ l Wasser über Nacht einweichen.

Die über Nacht eingeweichten Früchte mit Zucker aufkochen und in einem Sieb abtropfen lassen.
Die Brühe auffangen.
Das Mehl in eine ausreichend große Schüssel geben und eine Vertiefung hineindrücken. In dieser mit der Hefe, etwas Zucker und etwas von der Brühe einen Vorteig anrühren. Wenn der Vorteig Blasen geworfen hat, mit dem Mehl und etwa 400 ml Brühe zu einem Brotteig verarbeiten, der etwa 45 Minuten geknetet werden muß.
Ist der Teig zu fest, noch etwas Brühe dazugeben.
Die klein geschnittenen Birnenschnitze, die klein geschnittenen Zwetschgen, die Korinthen und Sultaninen, die gehackten Nußkerne, das würfelig geschnittene Zitronat und Orangeat, Zimt, Nelken, Kirschwasser und Salz in den Teig hineinkneten.
Wenn alles gut vermengt ist, so daß alles möglichst gleichmäßig im Teig verteilt ist, fünf längliche Laibe formen und auf ein mit Mehl bestäubtes Brett setzen.
Über Nacht ruhen lassen. Am nächsten Tag 1½ Stunden im auf 180 Grad vorgeheizten Backofen backen.
Bevor die Laibe in den Ofen kommen und 5 Minuten vor dem Herausnehmen, werden sie mit dem Rest der Zwetschgenbrühe bestrichen, so daß sie eine dunkle glänzende Farbe bekommen.

Feines Hutzelbrot

125 g Zucker
6 Eier
70 g gemahlene Haselnüsse oder Mandeln
eingemachte Kirschen
15 g klein geschnittene Pistazien
15 g Zitronat
125 g feines Mehl

Zucker mit den Eigelb schaumig rühren. Die Haselnüsse, Pistazien, Zitronat und die eingemachten Kirschen gut damit vermischen. Das Mehl darüber stäuben und den Schnee der 6 Eiweiße unterziehen.

In einer mit Butter bestrichenen Kastenform 1 Stunde backen.

Kuchenbodenteig

200 g Mehl
100 g Butter
1 EL Zucker
1 Ei
Salz
2 EL Sauerrahm

Die Zutaten werden zu einem Teig verarbeitet.
Er wird in einer Springform wie Butterteig gebacken.
Dieser Boden kann vor dem Backen mit Früchten belegt werden, z.B. als Apfelkuchen.

Apfelkuchen

1 Mürbeteig oder mürber Hefeteig
8 bis 10 nicht zu süße Äpfel
125 g Zucker
6 Eier
125 g fein geriebene Mandeln
1 Zitrone
1 Msp Zimtpulver

Ein Kuchenblech mit Mürbteig oder mürbem Hefeteig belegen und hellbraun backen.
Die Äpfel werden auf dem Reibeisen gerieben und mit Zucker, 6 Eigelb, den Mandeln, der abgeriebenen Schale der Zitrone und dem Zimt gut vermischt.
Zum Schluß wird der Schnee der 6 Eiweiß darunter gehoben. Diese Masse wird auf den gebackenen Boden aufgetragen und kommt für 3/4 Stunden in den Backofen.

"Er sieht sehr gut aus!"

Kirschenkuchen mit Guß

Kirschen zum Belegen

4 EL Zucker
3 EL Sauerrahm
4 Eier
4 EL geriebenes Milchbrot

Eine Springform mit gutem Kuchenboden belegen und die Kirschen darauf setzen.
Die Form in den vorgeheizten Backofen stellen, bis die Kirschen weich sind (ca. 3/4 Stunde).

Für den Guß Zucker, Rahm und Eigelb verrühren, das geriebene Milchbrot dazu geben und zum Schluß den Schnee der 3 Eiweiß unterheben.
Den Guß über die Kirschen verteilen. Die Form erneut in den Ofen stellen bis der Guß gestockt ist.

Kuchen/Torten/Gebäck

Quittenkuchen

Zutaten für den Teig:
250 g Mehl
125 g Butter
70 g Zucker
1 Ei
1 EL Treberschnaps

Kompott:
1 kg Quitten
1/8 l Wasser
4 EL Honig
4 Nelken
2 EL Treberschnaps

Baiserguß:
3 Eiweiß
100 g Zucker
80 g gehackte Walnüsse

Aus den Teigzutaten einen Mürbteig herstellen und im Kühlschrank zugedeckt ruhen lassen.

Quitten schälen, vierteln, Kerngehäuse, Stengel und Blütenansätze entfernen. Fruchtfleisch in dünne Scheiben schneiden. Wasser und Honig in einem Topf erwärmen bis der Honig aufgelöst ist. Quittenscheiben und Nelken 20 Minuten im Honigwasser kochen lassen.
Quitten durch ein Sieb schütten, mit Tresterschnaps beträufeln, kalt stellen und ziehen lassen.

Den gekühlten Teig ausrollen und eine Springform damit auslegen. Rand hochziehen. Mit den Quitten belegen.
20 Minuten bei 200 Grad backen.

Eiweiß zu steifem Schnee schlagen, Zucker langsam einrieseln lassen. 2/3 der Walnüsse unterheben.
Die Baisermasse auf den vorgebackenen Kuchen streichen und mit den restlichen Nüssen bestreuen.
Weitere 15 bis 20 Minuten bei 160 bis 170 Grad backen.

Johannisbeer- und Traubenkuchen

60 g geschälte Mandeln
30 g Mehl
60 g Zucker
3 Eiweiß
Johannisbeeren oder Trauben, eingezuckert
3 Eiweiß
140 g Zucker

Eine glatte Kuchenform wird mit Mürbteig ausgelegt. Die Mandeln, das Mehl, den Zucker mit etwas Wasser zu einem Teig mischen (er sollte ein wenig dicker als Strüble-Teig sein).
3 Eiweiß zu Schnee schlagen und leicht unter den Teig heben. Die eingezuckerten Beeren werden darunter gemischt. Die Masse auf den Kuchenboden geben.
Die Form bei mittlerer Hitze backen.
Wenn der Kuchen erkaltet ist, wird Schnee von 3 Eiweiß hergestellt und mit 140 g Zucker gemischt. Damit wird der Kuchen bestrichen und mit fein geschnittenen Mandeln bestreut.
Der Kuchen muß noch einmal bei guter Hitze in den Ofen bis der Guß fest ist.

Linzertorte für eine Springform von 28 cm Durchmesser

250 g Butter
4 bis 5 Eigelb
250 g Zucker
abgeriebene Schale von
1 Zitrone
1 Msp Zimtpulver
1 Msp Nelkenpulver
2 Gläschen Kirschwasser
125 g gemahlene Walnüsse
125 g gemahlene Mandeln
500 g Mehl
1/2 Päckchen Backpulver

zum Bestreichen:
1 Glas Himbeermarmelade
oder Johannisbeergelee

Die Butter bei Zimmertemperatur weich werden lassen und schaumig rühren. Eigelb und Zucker zur Butter geben und etwa 10 Minuten rühren.
Zitronenschale, Zimt- und Nelkenpulver, Schnaps, Nüsse und Mandeln unterrühren.
Das Mehl zusammen mit dem Backpulver darüber sieben und alles gut verkneten. Eine Teigkugel formen und an einem kühlen Ort etwa 1 Stunde kalt stellen.
Den Teig in zwei Hälften teilen.
Aus der einen Hälfte einen runden Boden von etwa ½ cm Dicke ausrollen. Eine gut mit Butter eingefettete Springform damit belegen.
Himbeermarmelade oder Johannisbeergelee über den Teig streichen. Die zweite Hälfte des Teiges ebenso ausrollen und daraus etwa 1 ½ cm breite Streifen ausrädeln. Mit diesen Streifen die Marmelade im spitzen Winkel gitterartig belegen. Zum Schluß einen Streifen als Rand um den ganzen Kuchen legen.
Das Gitter und den Rand mit Eigelb bestreichen.
Im auf 180 Grad vorgeheizten Backofen 1 Stunde backen.

Linzertorte von Auggen

3/4 Pfund Zucker
3/4 Pfund fein gemahlene Mandeln
3/4 Pfund Butter
1 Pfund Mehl
2 Eier
Zitronat
1 Msp Zimtpulver
1 Msp Nelkenpulver
1 Gläschen Kirschwasser
Konfitüre

Den Teig wie üblich herstellen und verarbeiten.

Kuchen/Torten/Gebäck

Haselnußtorte "von Brecht"

180 g Zucker
60 g fein gemahlene Haselnüsse
60 g fein gemahlene Mandeln
100 g Mehl
6 ganze Eier
4 Eigelb

Die Zutaten werden zu einem Teig vermischt, in eine Springform gegeben und 1 Stunde bei mittlerer Hitze gebacken.

Mandeltorte

300 g fein gemahlene Mandeln
300 g Zucker
13 Eier
1 Zitrone
Zitronat
Zimtpulver
Nelkenpulver
1 EL Kirschwasser

Die Mandeln mit dem Zucker zusammen mit 3 ganzen Eiern und 10 Eigelb ½ Stunde rühren.
Den Saft der Zitrone, Zitronat, Zimtpulver, Nelkenpulver und das Kirschwasser dazumischen. Zum Schluß wird der Schnee der 10 Eiweiß untergehoben.

Die Torte wird bei mittlerer Hitze 1 Stunde gebacken.

Sandtorte

6 Eier
6 Ei schwer Zucker
4 Ei schwer Mehl
2 Ei schwer Butter

Der Zucker wird mit den 6 Eigelb ½ Stunde gerührt.
Das Mehl, danach die zerlassene Butter und schließlich den Schnee der 6 Eier darunter mischen. Teig in eine ausgebutterte und mit Paniermehl bestreute Form geben und bei mittlerer Hitze 1 Stunde backen.

Ein Ei wiegen und sein Gewicht als Grundeinheit benutzen
(6 Ei schwer Zucker ist 6 mal das Gewicht des Eis)

Schwarzbrottorte von Frau Luis Vogel

375 g geriebene Mandeln
375 g Zucker
12 Eier
Zitronat
Zimt
Nelkenpulver
Zitrone
30 g geriebene Schokolade
50 g gedörrtes, geriebenes Schwarzbrot, das mit altem Wein und Kirschwasser recht angefeuchtet wurde.

Der Zucker wird mit den 12 Eigelb eine halbe Stunde gerührt. Dann kommen die übrigen Zutaten hinzu.
Sobald alles gut vermischt ist, gibt man auch die geriebenen Mandeln und das zu Schnee geschlagene Eiweiß darunter.
Die Masse wird in eine Form gefüllt und bei mäßiger Hitze gebacken.

Brottorte (aus Milchbrot)

8 Eier
250 g Zucker
160 g geriebene Mandeln
100 g getrocknetes, geriebenes Milchbrot (oder Paniermehl)
2 EL Rum
1/8 l Weißwein
Saft 1 Zitrone
50 g fein geschnittenes Zitronat
1/2 TL Zimtpulver
1/2 TL Nelkenpulver

Brot mit Rum und Weißwein tränken und 1/2 Stunde ziehen lassen.
Indessen rührt man Eigelb und Zucker schaumig.
Dann gibt man das Brot, die Mandeln, Zitronat und die Gewürze dazu, zieht den Eischnee unter und füllt die Masse in eine ausgebutterte Form (26 cm Durchmesser).

Bei 150 Grad ca. 1 Stunde backen. Nach dem Erkalten mit einer Schokoladen-Glasur überziehen.

Kuchen/Torten/Gebäck

Annemis Brottorte

500 g Zucker
24 Eigelb
250 g gemahlenes, trockenes Schwarzbrot
1/4 l Kirschwasser
375 g gemahlene Mandeln

2 Tafeln bittere Schokolade
125 g gemahlenes Schwarzbrot
24 Eiweiß

Eigelb und Zucker schaumig schlagen, 250 g gemahlenes Schwarzbrot, Kirschwasser und gemahlene Mandeln darunter heben.

Schokolade reiben und mit 125 g gemahlenem Schwarzbrot mischen.

Eiweiß zu Schnee schlagen und darunter heben.

Beide Massen miteinander mischen.
Den Kuchenteig in zwei Springformen von je 26 cm Durchmesser füllen.
Bei 175 Grad ca. 50 Minuten backen.

Biskuittorte

100 g Zucker
5 Eier
90 g Mehl
abgeriebene Zitronenschale
etwas Wasser

Zucker, Eigelb und etwas Wasser werden mit dem Schneebesen schaumig geschlagen. Mit dem Kochlöffel den festen Schnee der Eiweiß und das gesiebte Mehl mit etwas geriebener Zitronenschale darunter ziehen. Die Masse wird in eine Tortenform gefüllt, deren Boden mit Papier ausgelegt ist und bei gelinder Hitze gebacken.

Nach dem Abkühlen wird die Torte mit einem Faden in zwei bzw. drei Schichten geteilt und mit Creme gefüllt, z.B. der Mokkacreme der folgenden Torte, oder der Füllung für eine Jägertorte von Frau Schmidt.

Mokkatorte von Frau Bidlingmeier

1/4 Pfund Butter
100 g Zucker
1 Eigelb
etwa 4 EL starker schwarzer Kaffee
Biskuitstückchen

Die Butter schaumig rühren. Zucker und Eigelb dazu mischen. Tropfenweise Kaffee unterrühren. Vorsicht, die Creme darf nicht gerinnen.

Eine glatte Form mit dieser Masse ausstreichen, mit Biskuitstückchen auslegen, etwa fingerdick, dann wieder Creme darauf geben, wieder Biskuitstückchen usw. bis die Form voll ist. Über Nacht kühl stellen.

Vor dem Servieren die Form kurz in heißes Wasser tauchen, stürzen.

Schokoladentorte von Auggen

1/2 Pfund fein geriebene Mandeln
200 g Zucker
3 ganze Eier
8 Eigelb
Schnee von 8 Eiweiß
100 g feine geriebene Schokolade
1 Vanilleschote
150 g Mehl

Die Mandeln, der Zucker, die ganzen Eier und die Eigelb werden miteinander ½ Stunde gerührt.
Die geriebene Schokolade, das Mark der Vanille zusammen mit dem Mehl in den Teig geben.
Zuletzt wird der Eischnee untergehoben.
Bei mittlerer Hitze im Ofen ca. 1 Stunde backen.

Punschtorte, „wie sie Brecht gemacht hat"

10 große Eier
Mehl im Gewicht von
6 verwendeten Eiern
(6 Ei schwer Mehl)
Zucker im Gewicht von
6 verwendeten Eiern
(6 Ei schwer Zucker)
Butter im Gewicht
von 3 verwendeten Eiern
(3 Ei schwer Butter)

zum Punsch:
1/8 l Wein
60 g Zucker
4 EL Arrak
Saft einer Zitrone

zum Füllen:
4 EL Aprikosenmarmelade

Fondant-Glasur:
200 g Zucker
200 ml Wasser

Mit dem Schneebesen werden Zucker, Eigelb, das gesiebte Mehl sowie die zimmerwarme Butter miteinander gut verrührt. Das zu steifem Schnee geschlagene Eiweiß darunter ziehen.
Das Ganze in eine gut gebutterte Form (28 cm Durchmesser) füllen und bei 150 Grad ca. 1 Stunde backen. Sobald der Biskuit erkaltet ist, wird er horizontal halbiert. Die Schnittflächen werden mit Arrak-Punsch begossen und mit Marmelade bestrichen. Nun wird die Torte wieder zusammengesetzt und glasiert.

Arrak-Punsch:

Die angegebenen Zutaten werden bis unmittelbar vor das Kochen erhitzt.

Fondant-Glasur:

Wasser und Zucker läßt man in einem Emailletopf solange kochen bis die Zuckerlösung große Blasen wirft. Dann stellt man den Topf in eine Schüssel mit kaltem Wasser und rührt solange bis die Masse milchweiß aussieht. Sollte die Glasur zu dick werden, so kann man mit ein paar Tropfen kaltem Wasser verdünnen.

Regententorte

Teig für Boden:
300 g Mehl
300 g Zucker
300 g Butter
2 Eier
Saft 1 Zitrone
50 g Zitronat

Zutaten für den Guß:
300 g Zucker
250 g geschälte und gestoßene Mandeln
Saft 1 Zitrone
5 Eier
3 Eigelb
90 g Mehl

Alle Zutaten für den Boden werden zu einem Teig verarbeitet. Dieser wird ausgewallt. Den Boden einer Springform (28 cm Durchmesser) damit belegen, aus dem Rest eine lange Rolle formen, die als Rand auf den Teigboden gelegt wird.
Außerdem wird der Rand dick mit geschälten, in Blättchen geschnittenen Mandeln belegt.
Darauf kommt der Guß.

Die Zutaten für den Guß werden vermischt. Zum Schluß wird der Schnee von 5 Eiern untergehoben. Den Guß über den Kuchen geben.

Der Kuchen wird bei 200 Grad ca. 30 Minuten gebacken.

Füllung für eine Jägertorte von Frau Amtsrichter Schmidt

250 g Zucker
6 Eier
Zimt
Zitronenschale
Nelkenpulver
1/2 Pfund gestoßene Mandeln
2 EL geriebenes Milchbrot

Zucker wird mit Eigelb schaumig gerührt, dann kommen die Gewürze, Zimt, Zitronenschale, Nelkenpulver dazu sowie die gestoßenen Mandeln und das geriebene Milchbrot.
Zuletzt wird der Eischnee von 4 Eiweiß darunter gehoben.

Schokoladen-Glasur

75 g Kuvertüre
150 g Zucker
1/4 l Wasser

Die Kuvertüre wird in einem Porzellan-Schüsselchen im Wasserbad erwärmt bis sie sich leicht verrühren läßt. Indessen wird der Zucker im Wasser gekocht bis der Zucker sich aufgelöst hat.
Dann gibt man die Kuvertüre hinein und läßt die Glasur kochen bis sie große Blasen wirft. Nun nimmt man sie vom Feuer und rührt bis sie nur noch lauwarm ist. Dann wird sie über die inzwischen erkaltete Torte gegossen.

Blitzkuchen

1/2 Pfund Zucker
4 ganze Eier
6 Eigelb
6 Eiweiß
1/2 Pfund geschmolzene Butter
1/2 Pfund Mehl

Zucker mit den ganzen Eiern und den Eigelb schaumig rühren. Die geschmolzene Butter und das Mehl dazumischen und zuletzt den Schnee der 6 Eiweiß darunter heben. Der Teig kommt in eine mit Butter gestrichene Form und wird bei gelinder Hitze gebacken.

Anisbrötle

1/4 Pfund Zucker
2 Eier
1 EL Anis
1/4 Pfund Mehl

Der Zucker wird mit den Eiern und dem Anis solange gerührt bis der Zucker geschmolzen ist, dann wird das Mehl darunter gearbeitet. Von dem Teig werden mit einem Kaffeelöffel kleine Häufchen abgestochen.
Ein Backblech mit Bienenwachs bestreichen (am besten mit einer Kerze aus reinem Bienenwachs) und mit Mehl bestäuben. Darauf die Anisbrötle setzen und über Nacht stehen lassen.

Sie werden dann bei 120 Grad für ca. 30 Minuten hellgelb gebacken.

Springerle

1 Pfund Zucker
1 Pfund Mehl
4 Eier
2 EL Anis
1 Msp Pottasche

Der Zucker wird mit den Eiern gerührt, dann gibt man den Anis und die Pottasche dazu sowie das Mehl.
Der Teig wird gut durchgeknetet, ausgewallt und auf die Model gedrückt. Die Springerle werden mit dem Teigrädchen ausgeschnitten und auf ein mit Butter bestrichenes Blech gelegt. Sie müssen über Nacht ruhen und werden am anderen Tag bei 120 Grad ca. 30 Minuten gebacken.

"Wenn man sie eine halbe Stunde nach dem Brot in den Backofen schiebt, werden sie schön."

Kuchen/Torten/Gebäck

Zimtschnitten

375 g gestoßene Mandeln
375 g Zucker
Zimt
Nelken
2 Eiweiß

Mandeln, Zucker, Zimt und Nelken werden mit 2 Eiweiß gut miteinander verrührt und mit ein wenig Mehl ausgewallt. Der Kuchen wird mit einer Glasur, bestehend aus Puderzucker und ein wenig Eiweiß, bestrichen, dann werden lange Stückchen geschnitten und nach dem Brot im Ofen gebacken. Die Glasur soll hellgelb werden.

Verwendet man zum Ausstechen Sternformen, erhält man so Zimtsterne.

Zimtsterne

1 Pfund Zucker
1 Pfund fein gemahlene Mandeln
4 Eiweiß
15 g Zimtpulver

Die Zutaten werden zu einem Teig verarbeitet, ausgewallt und mit Sternförmchen ausgestochen und gebacken.

Haselnuß-Konfekt

1/2 Pfund Zucker
1/4 Pfund fein gemahlene Haselnüsse
1/4 Pfund fein gemahlene Mandeln
3 Eiweiß

Für den Guß:
1/4 Pfund Puderzucker
1 Eiweiß
Saft 1 Zitrone

Aus den Zutaten wird ein Teig gerührt, ausgewallt und mit dem Guß überstrichen. Es werden lange viereckige Stücke geschnitten, auf ein mit Butter eingefettetes Blech gelegt und hellgelb gebacken.

Kuchen/Torten/Gebäck

Buttergebackenes

3 Pfund Mehl
1 Pfund Butter
1 Pfund Zucker
7 Eier
etwas Pottasche

Aus den Zutaten wird ein fester Teig geknetet, ausgewallt und mit Förmchen ausgestochen. Die Brötchen werden vor dem Backen mit Ei bestrichen.

Pfeffernüsse

5 Eier
1 Pfund Zucker
etwas Pottasche
15 g Zimtpulver
8 g Nelkenpulver
60 g Zitronat
geschnittene Schale 1 Zitrone
weißer Pfeffer
1 Pfund Mehl

Zucker mit den Eiern und der Pottasche ½ Stunde rühren. Die Gewürze und zum Schluß das Mehl dazugeben. Den Teig ausrollen und kleine runde Brötchen ausstechen. Sie werden auf einem mit Mehl bestreuten Blech bei mäßiger Hitze gebacken.

Speisefolgen

Auszug aus dem Tagebuch der Neuenburger Hirschenwirtin

Speisefolgen

Bezirksratessen
24. März 1886

Suppe: Markknöpfle und gebackene Brotwürfel
Hecht und runde Erdäpfele
Roastbeef mit Erbsle und Gelbe Rüben
Reh mit Sauce und Spritzküchle
Gefüllte Ente mit Endiviensalat

à 3,-- Mark mit ½ l Wein

Flan, Schwarzbrottorte, Dessert

Essen bei Eröffnung der Station "Grüne Hütte", 16. November 1885

Suppe mit Eierklößen
Lachs mit Kapernsauce und Kartoffeln
Roastbeef mit Gemüse
Feldhühner mit Sauerkraut
Rehbraten mit Salat
Hahn mit Quittenkompott
Linzertorte, Biskuittorte
Obstdessert

à 3,-- Mark das Couvert ohne Wein

Fischerzunft, Fasnacht, 8. März 1886

Nudelsuppe
Rindfleisch, Meerrettich, Rahnen (Rote Bete)
Kartoffelsalat, Gelbe Rüben Salat, eingemachte Bohnen
Bratwurst
Kalbfleisch in weißer Sauce, Pastetle
Schweinebraten, Kalbsbraten
6 Gallert in Form
Feldsalat
6 Pudding mit geschlagener Weinsauce
4 Biskuittorten, 6 Luisentorten,
6 Buttertorten
6 Gugelhupf
kleines Dessert

58 Personen zum Nachtessen à 2,50 Mark ohne Wein (dem Musikanten Nachtessen und 2 l Wein frei)

Speisefolgen

**Hochzeit von
August Schillinger,
18. Januar 1886**

*14 Personen à 3,-- Mark
(besondere Begünstigung,
sonst hätten es sollen
4,-- Mark sein, um etwas
zu verdienen)*

Nudelsuppe
Rindfleisch, Meerrettich, Rahnen (Rote Bete)
geriebener Kartoffelsalat, eingemachte Bohnen
Schweinebraten
Gallert
3 Pudding mit Walnußsauce
2 Kuchen mit Biskuitguß
2 Streuselkuchen

Nachtessen:
Brotsuppe
2 große Pasteten mit Kalbfleisch in weißer Sauce
Grünkraut mit Bratwurst
Kalbsbraten mit Endiviensalat
3 Buttertorten, 2 Gugelhupf
Dessert

*Anmerkungen:
Von 4 Pfund Mehl und 4 Pfund Butter hat es gegeben
2 große Pasteten, 4 Torten, in drei Kuchenblech Boden*

*Gugelhupf:
6 Pfund Mehl, 1 ½ Pfund Butter, 4 Eier für 20 Pfennig
Hefe hat gegeben 2 große, 2 mittlere und 3 kleine*

*½ Pfund Zucker, ½ Pfund Mehl, 12 Eier hätte den Guß für
5 Kuchen gegeben.*

**Festessen
vom Schwarzwaldverein
im Kurhaus
von Badenweiler,
16. Mai 1886**

Mockturtle-Suppe
Rheinsalm mit Kapernsauce,
Kartoffeln
Roastbeef, garniert mit Bohnen, Erbsle,
Gelbe Rüben, Blumenkohl
Schinken in Burgunder
Wildbret-Pastete mit Gelee, Sauce Hatzfeld
Poularde gebraten, Salat
Reiscreme mit Früchten, Himbeersauce
Käse und Butter
Dessert, Obst

Nachtessen **am 19. Mai 1886,**
28 Personen

Krumbeeresuppe mit kleinen Kracherle
Salm mit Sauce und runden Erdäpfeln
Kalbskopf "en-Tortue" mit Pastetle
Poularde, Kopfsalat
Aprikosenkompott
Linzertorte, Birnewecken
Dessert

Frühstück **am Hochzeitstag**

für Herren:
Rehragout mit Pastetle
Schinken
Kalter Braten

für Damen:
Kaffee und 2 verschiedene Schokoladen

Nachtessen **am Hochzeitstag**

Salm, kalt mit Mayonnaise
Schinken, kalt
Geflügelbraten
Wurstsalat
Gänseleber
Dessert

Mittagessen **am Tag nach der Hochzeit, 20. Mai 1886,**
26 Personen

Suppe
Rindfleisch, Gugum (Gurken), roher Meerrettich, Preiselbeer
Spargeln, Spritzenküchle, Schinken
Forellen kalt mit kalter Sauce
Kalbsbraten, Salat
Pudding mit Hagebuttensauce
Torte
Dessert

Speisefolgen

20. Mai 1886 (Marie)
48 Personen

Geflügelsuppe mit Flanknöpfle
Forelle blau mit zerlassener Butter
3 Lummelbraten
Gemüse:
2 Blumenkohl, 4 Büschel Gelbe Rüben,
4 Pfund frische Erbsen, Gugum (Gurken)
und Preiselbeeren, frische Bohnen
Hammelbraten (2 Schlegel)
Gansleber in Terrine (3 Stück)
Reh in Sauce mit Trüffel
1 Welschhahn, 1 Kapaun, 1 Poularde
Mirabellenkompott, Salat
Aprikosenpudding mit Sauce (4 Stück)
Gefrorenes von Haas in Müllheim
3 Haselnußtorten, 3 Punschtorten
2 Krokanttorten von Haas

Früchte:
Orangen, Äpfel, Malagatrauben, Mandeln, Haselnuß,
Knallbonbons und anderes kleines Konfekt

Nachtessen an Großherzogsgeburtstag, 9. September 1886

Tapiokasuppe mit gebackenen Brotkracherle
Hasenpfeffer und Nudeln
Lummelbraten, gebackene Erdäpfel
Enten, gebackener Barsch
Salat
Zwetschgenkuchen
Biskuit
Linzertorte

2 Mark pro Person ohne Wein   kleines Dessert

1887, Ostermontag

Wir hatten 20 Personen (in Abteilung) zum Mittagessen
und etwa 50 Personen zum Nachtessen.

Wir hätten sollen 30 Pfund Hecht haben, auch 12 Stück
Hähne 25 Köpfle Salat und 50 Pfund Backfisch und viel
Linzertorten

Speisefolgen

**25. April 1887,
Herr Giesinger
von Müllhausen,**
10 Personen

à 2,40 ohne Wein

Suppe mit Markwürstle und Brot
Roastbeef mit Blumenkohl und Erbsle, garniert
Spargeln, Pastetle, Schweinebraten (Nierstück)
Hecht, runde Erdäpfeln
Hahn, Kopfsalat
Brotpudding mit Hagebuttensauce
Mandeltorte, Linzertorte
Dessert

**29. April, 1887,
Essen**
5 Herren Oberingenieur,

2 Mark pro Person

Gemüsesuppe
Roastbeef
Blumenkohl und Spinat garniert
Spargeln, Pasteten gefüllt
Hecht mit runden Erdäpfeln
Reh, Salat, Hahn, Apfelkompott
Linzertorte, Mandeltorte
Dessert

*Von 1 Pfund Butter und einem starken Pfund Mehl hat es
35 Pastetle gegeben*

**Christihimmelfahrt
19. Mai 1887**

Mittagessen:
Nudelsuppe
Rindfleisch, Kressel (Kressesalat), Meerrettich,
Rahnen (Rote Bete)
Spinat, für jeden 1 Ei darauf
Schinken

*1 Gewerbelehrer
von Mülhausen
mit 15 Zöglingen
hatten Mittagessen und
Nachtessen mit jedes Mal
¼ l 15ner Wein pro Person
und für das haben sie
3,50 Mark bezahlt.*

Kalbsbraten, Salat
von Anisschnitten-Laib jedem 1 Schnitte und
1 Stückle Linzertorte
Haselnuß und einige Teller kleines Dessert

Nachtessen:
Weißbrotsuppe

*Beim Bestellen wurde schon
gefragt, was sie auslegen
wollen.*

Nudeln
Fleisch in brauner Sauce
gebackener Fisch
Salat
jeder 1 Portion Käse

Speisefolgen

12. Juni 1887

12 Herren von Basel
(Herr Isele bestellte
Mittagessen zu
4,-- Mark das Couvert
mit ½ l 84er)

Tapiokasuppe mit Brotkracherle
Lummelbraten, garniert mit Blumenkohl, Erbsle
Gurkensalat, braune Sauce, Preiselbeeren, Rettich
Forelle mit Kapernsauce
neue grüne Bohnen mit Hammelbraten
Reh mit Sauce und Spritzenküchle
gebratene Ente, Kopfsalat
Punschtorte, Linzertorte
Kirschendessert

29. Oktober 1887
- Hochzeit von
Herrn Frei, Mülhausen,

zu 5,-- Mark das Couvert
mit ½ l alten Wein
17 Personen,
3 Kutscher,
Sonderpreis à 2,-- Mark
ohne Wein

Nudelsuppe
Lachs
Roastbeef mit kleinen Kartoffeln
Erbsle und Gelbe Rüben mit Schweinebraten
Vol au Vent (mit Hahn und Markknöpfle in weißer Sauce)
gebratener Hase
Enten, Salat
Brotpudding mit Hagebuttensauce
Biskuittorte
Linzertorte
Gugelhupf
Trauben, Äpfel
kleines Dessert

5. Februar 1888
5 Offiziere
aus Mülhausen

Mittagessen à 2,50 Mark

Suppe:
Tapioka und Julienne
Hecht und runde Erdäpfel
Roastbeef garniert mit Blumenkohl und Gelben Rüben
Sauerkraut, Erbsenbrei, geräuchertes Schweinefleisch
Hasenbraten, Ziemer (Hasenrücken)
Enten, Salat
Mandelpudding
Linzertorte
Dessert

25. Februar 1888
Hochzeit von
Herrn Finley
von Mülhausen
10 Personen

pro Kopf 5,-- Mark

Mittagessen:
Tapiokasuppe
Salm, Roastbeef, garniert
Büchsenerbsle, kleine Pastetle, Poularde, Salat
Mandelpudding
Linzertorte, Biskuittorte
Dessert

Nachtessen:
Juliennesuppe
Lummelbraten, Spritzküchle
Vol au Vent mit Hahn in brauner Sauce
Markknöpfle, Kalbsbraten
Salat
Flan, Dessert

à 3,-- Mark

Torten vom Mittag

17. November 1889
Brückenbelastung,
6 Herren

à 2,50 Mark

Grünkernsuppe mit Brotkracherle
Lachs und runde Erdäpfel
Roastbeef mit Blumenkohl, Gelbe Rüben und
kleine Gurken garniert
Sauerkraut und Schäufele
Hasenbraten und Spritzküchle
Fasan, Salat, Quittenkompott
Apfelkuchen, Birnenwecken
Obstdessert

8. Februar 1890
8 Herren, Doktoren (Ärzte)

à 3,-- Mark pro Person

Tapiokasuppe
Roastbeef mit Blumenkohl und Gelben Rüben garniert
Hecht, runde Erdäpfel
Sauerkraut, Erbsenbrei, geräuchertes Schweinefleisch
Reh mit Sauce, Butterteigpasteten
Hahn, Kopfsalat
Mandelpudding mit Geleesauce
Apfelkuchen mit Meringenguß
Linzertorte
Obstdessert

Speisefolgen

8. Mai 1890
Milchgesellschaft
von Mülhausen,
29 Personen

Bl. Suppe
Roastbeef mit Beilagen, gekochter Meerrettich,
kleine Gurke, Rettich, Preiselbeeren
Spinat, Koteletten
Butterteigpasteten
Hecht, Enten, Hahn
Salat
Brotpudding
Linzertorte
Käse

à 2,40 Mark ohne Wein

kleines Dessert

11. September 1890
Milchgesellschaft
von Mülhausen,

42 Personen hatten das Gleiche

15 Mai 1890
Christihimmelfahrt
Jünglingsverein
von Mülhausen,
22 Personen,

Tapiokasuppe
Roastbeef
Spinat und Butterteigpasteten
gebackener Fisch
Kalbsbraten
Hammelbraten, Salat
Kuchen mit Biskuitguß
Mandeln, Kanderner Brezeln
Schaumkonfekt

Nachtessen à 2,-- Mark
mit ½ l 40er Wein

Kegelclub von Basel,
8. Juni 1890
8 Herren zum Mittagessen

Tapiokasuppe mit Kracherle
Roastbeef mit Kartoffeln, Gelben Rüben und
Cornichons garniert
frische Erbsle, Spritzküchle
kleine "Friganten"
Hecht
junge Hähne, Salat
Kirschenkuchen
Linzertorte

à 2,50 Mark

Dessert

Speisefolgen

Musikverein   Nudelsuppe (2 Pfund Nudeln)
von Battenheim,   Rindfleisch (8 Pfund)
6. Juli 1890   Gurken, Rettich, Rahnen, frische Bohnen
18 Personen   Schweinebraten (9 Pfund), Kalbsbraten (8 Pfund)
     gebackener Fisch (3 Pfund)
     Salat
     Kirschkuchen mit Guß
     Kandener Brezeln
Mittagessen à 2,-- Mark   Kirschen
mit ½ l Wein zu 40 Pfennig   kleines Zuckerbrot

28. Januar 1891   Gemüsesuppe
Jagdessen, Herr Geliot   Salm und Hecht mit holländischer Sauce
15 Personen   Lummelbraten
     Gemüse: Blumenkohl und Erbsle
     Vol au Vent mit Hahn und Champignonsauce
     Rehbraten mit Kapern, Wildenten
     Kopfsalat
     Meringen mit Schlagrahm
     Mandeltorte
     Englischer Kuchen (Birnenwecke)
à 4,-- Mark ohne Wein   Dessert

20. April 1890   gebackener Fisch,
der Musikverein Opheon   Kalbsbraten Salat, Brot
von Mülhausen
73 Personen
à 1,-- Mark pro Person,
Wein und Bier extra

15. Mai 1890   **Nachtessen:**
Jünglingverein   Suppe ABC,
Mülhausen   Roastbeef, Spinat, Pastetle,
22 Personen,   gebackener Fisch, Braten,
     Salat,
     Kuchen,
à 2,-- Mark mit ½ l 40er Wein   Dessert

Speisefolgen

15. Mai 1891
der ärztliche Verein
16 Herren, Doktoren

à 3,-- Mark ohne Wein

Juliennesuppe
Roastbeef mit Erbsle und Gelben Rüben garniert
Hecht mit kleinen runden Erdäpfeln
Spargeln mit Spritzküchle und kleinen Friganten
Reh mit Madeirasauce
Hahn, Kopfsalat
Flan
Linzertorte, Birnewecken
Dessert

4. Juni 1891
Emils Hochzeit

Suppe mit Reis und Julienne
Salm mit holländischer Sauce und neuen Kartoffeln
Lendenbraten nach Gärtnerart und Beilagen
(Elsässer Edelwein)
Hammelkeule mit neuen Bohnen
(1881er Markgräfler)
Rehrücken mit Trüffel und Champignons, Kopfsalat
(Rotwein)
Gänsebraten und gekochtes Obst
Früchte-Gefrorenes
(Champagner)
Punschtorte, Haselnußtorte, Mandelaufsatz

Früchte- und Dessert

August 1891
les Invalides
von Mülhausen
38 Personen zum Mittagessen,
à 2,--Mark ohne Wein,
aber mit 1 Tasse Kaffee

für Abendessen
1,-- Mark ohne Wein

Mittagessen:
Nudelsuppe
Rindfleisch, Gurken, Meerrettichsauce, Preiselbeeren
Bohnen, Schweinebraten, gebackener Fisch, Salat
Pflaumenkuchen, Obst, kleines Konfekt

Abendessen:
Grießsuppe
kalter Aufschnitt und Salat, Schinken, Braten und Wurst

3 Pfund Nudeln, 16 Pfund Rindfleisch, 16 Pfund Schweinebraten, 10 Pfund Fisch, 10 Pfund Kalbsbraten für Aufschnitt (die Verwaltersfamilie hat noch extra zum Mittagessen 1 Platte Hecht und Biskuit zum Dessert mehr bekommen)

9. November 1891
Treibjagd von
Herrn Geliot
16 Herren,

Suppe mit Eierklößen
Hecht mit holländischer Sauce
Lummelbraten mit Blumenkohl und Erbsle garniert
2 große Pasteten mit 2 Enten in brauner Sauce
mit Trüffeln
Rehrücken mit Champignons, die Platte mit gebackenem
Brot garniert
1 Truthahn, Salat, Quittenkompott
Meringen mit Schlagrahm

5,-- Mark
die Person, ohne Wein

Punschtorte, Mandeltorte, Linzertorte
Obst und Dessert

Speisekarte
von Bad Kastenholz,
Sommer 1891

"Potage St. Germain"
"Petits pates à la Reine"
"Roastbeuf braisè"
"Pommes chateau"
"Filet de porc frois fins"
"Truites au Saumon bleu"
"Poulardes de Mans roties"
"Salade"

2,50 Mark
mit ½ Flasche Riesling

"Glace à la vanilles"
Dessert, fruits

10. Juni 1892
Forstdirektion,
Forstmeister, Straßburg

Tapiokasuppe
Hecht mit runden Herdäpfeln
Roastbeef mit Beilagen

Erbsle und Gelbe Rüben und Spritzküchle
Schweinebraten (Nierstück)
Hahn, Quittenkompott
Salat
kalte, gestürzte Creme (Fromage bavaroise)
Mandeltorte, Linzertorte

Mittagessen
3 Mark pro Person

Dessert und Kirsch

Speisefolgen

19. Mai 1892
Milchgenossenschaft
von Mülhausen

Suppe ABC
Roastbeef mit Beilagen
roher Meerrettich, Kressel, eingemachte Gurken, Preiselbeeren
Blumenkohl, Schweinebraten (Kotelettstücke)
Butterteigpastetle

Hecht

Hahn
Kopfsalat
Brotpudding mit Kirschsauce (3 Stück, 2 hätten gereicht)
Linzertorte, Biskuit
Dessert

Mittagessen
18 Personen à 3,50 Mark,
½ l 50er Wein, Kaffee und
Kirsch inbegriffen

Eine Gesellschaft von
16 Personen,
im September 1892

Nudelsuppe
Roastbeef und Beilagen
grünes Kraut, Schweinebraten und Spritzküchle
Hecht, Hahn, Salat
2 Pudding
Zwetschgenkuchen, Biskuit
Dessert
½ l Wein, Kaffee und Kirsch

Sie hatten:
die Person 3,50 Mark

August 1892
Frau Schliermann,
Wirtin von Mülhausen
und 10 Personen
von der Milchgesellschaft

Tapioka-Julienne-Suppe
Barben (Fische) mit Kartoffeln
Roastbeef, Blumenkohl, Bohnen
Spritzküchle
Hahn, Salat

Vanillecreme
Biskuit
Dessert

11 Mittagessen à 2,40 Mark
ohne Wein

Speisefolgen

**Speisekarte aus
Kurhaus St. Blasien
August 1892**

Suppe à la Reine
Forelle blau mit Butter und Kartoffeln
Kalbsfricandeau, garniert
frische Erbsle mit gekochtem, kalten Schinken
junger Hahn, Salat, Kompott
Erdbeercreme
Dessert

2,50 Mark

**Speisekarte Hotel Kraft,
Basel, August 1892**

Suppe
Zander mit weißer Sauce, Kartoffeln
Schmorbraten, garniert
außerdem wurde Bohnensalat mitserviert
Makkaroni mit Tomatensauce darüber gegossen
Kalbskopf mit Vinaigrette
Rotkraut, Schweinsfilet
gefüllte Tauben, Salat
Omelette soufflée
Obst und Dessert

3 Franken das Couvert

**Hochzeitessen
von einem Milchhändler
in Mülhausen
im Oktober 1892**

*es waren 12 Personen und
2 Kinder. Sie haben für das
Couvert mit ½ l Wein und
Kaffee 4,-- Mark bezahlt.
Für die Kinder ist nur
1,-- Mark für den Wein
gerechnet worden, denn es
wurde nur für 10 bestellt*

Grünkernsuppe
Roastbeef und Beilagen
Rosenkohl und Schweinsfilet
Hasenpastetle
Hecht
Hahn, Salat
Brotpudding
Biskuittorte
Linzertorte
Apfelkuchen
Obst und kleines Dessert

Speisefolgen

30. September 1893
Herr Notar Müller,
Herr Dr. Martin und
Herr Dufner mit Frauen

Mittagessen à 2,-- Mark

Grünkernsuppe
Lummel, garniert
Rehbraten mit Küchle
Hahn, Salat
gebackener Fisch
Flan
Linzertorte
Obst, Dessert

14. November 1893
Herr Oberingenieur Kern,
Herr Direktor Görmann,
Herr Baurat Wachenfeld,
Herr Straßeninspektor
Ritter und noch 2 Herren

Mittagessen à 2,-- Mark

Grünkernsuppe
Lachs und Hecht und Kartoffeln
Lummelbraten, garniert, roher Meerrettich und Gurken
Hasenbraten und Küchle
Hahn, Salat
Englischer Kuchen und Quittenkompott
Linzertorte
Obst, Dessert

22. April 1894
Gesellschaft Erholung
aus Mülhausen
61 Personen à 1,20 Mark

Gebackener Fisch
Kalbsbraten mit Lattichsalat

50 Pfund Fleisch, 35 Pfund Fisch, zufrieden.

2. Juni 1894
Einquartierung,
9 Offiziere aus Colmar

1. Tag:
Gemüsesuppe
Hecht mit Kartoffeln, Roastbeef mit Beilagen
gekochter Schinken mit jungen Bohnen,
Hahn, Salat
Erdbeeren mit Schlagrahm,
Torte, Obst, Dessert

2. Tag:
Nudelsuppe
Aal mit Kartoffeln,
Rindfleisch mit Beilagen
junge Spargeln, Küchle, Ente und Salat
Kirschkuchen,
Obst, Dessert

à 2,-- Mark

Speisefolgen

13. Juli 1894
9 Offiziere von den
Dragonern in Mülhausen

Gemüsesuppe
Forelle blau mit Kartoffeln
Roastbeef mit Beilagen
Zunge, junge Bohnen und Küchle
Hahn, Salat
Flan
Linzertorte
kleines Dessert

20. Juli 1894
Herr Thesmer
mit 18 Personen
aus Mülhausen
pro Person 4,50 Mark ohne Wein und Kaffee

Flanklößchensuppe
Klare Brühe
Forelle blau mit Kartoffeln
Roastbeef, garniert mit Beilagen
Rehbraten mit Küchle, Poularde mit Salat
Eis von Konditor Haas aus Mülheim
Linzertorte
Obst, kleines Dessert

23. September 1894
19 Herren von einem
Mülhausener Kirchen-
chor

Nachtessen 3,-- Mark, einschließlich ½ l Neuen Wein

Tapiokasuppe
kleine gefüllte Pastetchen
Hecht mit Kartoffeln
Filet garniert, Hasenpfeffer und Nudeln
Hahn und Salat
Zwetschgenkuchen
Linzertorte
Obst

20. Oktober 1894
8 Personen,

5,--, nebst ½ l Wein und Kaffee

Einlaufsuppe
kleine gefüllte Pastetchen,
Sardellen- und Hühnerbrötchen
Rehbraten garniert, Hecht und Forellen mit Kartoffeln
Poularde, Salat, gesottene Krebse
Biskuit und Vanillecreme
Linzertorte
Obst und kleines Konfekt

zufrieden!

Speisenfolgen

23. März 1895
Rekruten von Elzach
zum Mittagessen

pro Person 2,40 Mark
mit Kaffee und Kirsch

Nudelsuppe
Rindfleisch, gekochter Meerrettich, Rahnen, kleine Gurken
Schweinebraten mit eingemachten Bohnen
Pastetchen, Kalbsbraten
gebackene Fische
Biskuit, kleines Konfekt

zufrieden!

2. Mai 1895
Herr Kohlmann,
Hochzeit

pro Person 4,80 Mark mit
Kaffee und Kirsch

Grünkernsuppe
Hecht mit Kartoffeln
Roastbeef garniert mit Beilagen
Spargeln mit Pastetchen,
Poularde, Salat
Krebse
Mandelpudding mit Cremesauce
Linzertorte, Biskuit,
Kleines Konfekt

27. Mai 1895
Herr Diehl,
Hochzeit

pro Person 4,--Mark

Suppe
Hecht und Kartoffeln, Roastbeef, garniert
Spargel und Pastetchen,
Poularde, Salat
Mandelpudding mit Cremesauce
Glace
Linzertorte, Biskuit
Dessert, Obst

31. August 1895
Herr Lehrer Hoffmann,
Hochzeit

pro Person 3,--Mark

Juliennesuppe
Hecht mit Mayonnaise
Roastbeef, garniert
Hasenbraten und Kartoffeln
Ente und Salat
Creme und Biskuit
Dessert

Speisefolgen

Oktober 1895
Bezirksrat Esser

Grünkernsuppe
Hecht mit Kartoffeln
Roastbeef, garniert mit Beilagen
Hasenbraten mit Küchle
Feldhühner, Fasan und Salat
Quittenkompott
Vanillewaffeln

mit 1/2 l Wein 3,-- Mark   Apfelkuchen

30. März 1896
9 Personen

Pastete mit Hahn
Salm mit Mayonnaise
Filet mit jungen Erbsen
Spritzenküchle mit Zimt und Zucker
Pfirsichkompott
Creme
Linzertorte
Obst

pro Person 4,-- Mark   Dessert

21. September 1896
Hochzeit von
Herrn von Bank
aus Mülhausen
22 Personen,

Krebssuppe
Karpfen mit Kartoffeln
Filetbraten, garniert mit Beilagen
Hasenpfeffer mit Pastetchen,
die mit Kalbsbries gefüllt sind,
Poularde mit Salat
Krebse
gefrorene Vanillewaffeln
Biskuit und Brottorte

pro Person 6,50 Mark   Obst
mit Wein und Kaffee   Dessert

Speisefolgen

10. April 1897
Durchlaucht Fürst
Hohenlohe mit 9 Herren

Einlaufsuppe
Römische Pastetchen
Forelle blau mit Kartoffeln
Ochsenfleisch mit Beilage
Kalbsnierenbraten mit Spinat und Eiern
junge Täubchen, gefüllt, Pfirsichkompott und Salat
Apfelkuchen
Linzertorte
Käse und Butter
Obst

pro Person 3,50 Mark
ohne Wein

Hochzeitsessen
von Wilhelm Studer
aus Neuenburg
am 29. Januar 1903

Mittagessen:
Ochsenschwanzsuppe
Hecht mit Kartoffeln und Sauce
Roastbeef, garniert
Pastete
Salm mit Mayonnaise
Hahn und Salat
Meringentorte
Schwarzbrottorte
Obst
Dessert

pro Person 7,-- Mark
mit Kaffee und Kirsch

Abendessen:
Nudelsuppe
Rehbraten mit Makkaronen
Bratwürstle und Spinat
Wiener Schnitzel
Enten und Salat
Apfelkompott
Mandelpudding mit Sauce
Biskuit
Linzertorte
Gugelhupf

Literatur

Feißt/Wackershauser "Kulinarische Rundreisen Baden",
Sigloch-Edition

"Küchengeheimnisse,
Rezepte aus der Haushaltungsschule St. Elisabeth
in Freiburg seit 1891",
Rombach-Verlag, Freiburg

Wundt/Rothemund/Künzler
"Kochbuch der Koch- und Haushaltsschulen 1925",
Reprint 1982 G.Braun Verlag, Karlsruhe

"So schmeckt's bei uns im südlichen Baden",
Landfrauenverband Südbaden

unveröffentlichte Kochbücher
von Sophie Heck, Gaggenau
und Olive Lorenz, Freiburg